AF332549

LA VIE
A
MONTMARTRE
LA VIE A MONTMARTRE
PAR GEORGES MONTORGUEIL. DESSINS DE PIERRE VIDAL
G. BOUDET
EDITEUR
G. BOUDET
EDITEUR

La Vie

à Montmartre

JUSTIFICATION DU TIRAGE

————

Il a été tiré de cet ouvrage 750 exemplaires numérotés, savoir :

25 exemplaires (n°s 1 à 25) sur Japon impérial contenant une suite à part sur Chine de toutes les lithographies.

25 exemplaires (n°s 26 à 50) sur Chine contenant une suite à part des lithographies en couleurs.

700 exemplaires (n°s 51 à 750) sur papier lithographique des Papeteries du Marais, fabriqué spécialement pour cet ouvrage.

N° 324

GEORGES MONTORGUEIL

La Vie à Montmartre

ILLUSTRATIONS DE

PIERRE VIDAL

LIBRAIRIE ARTISTIQUE
G. BOUDET, Éditeur
Boul. St-Germain, 197, Paris

VENTE EXCLUSIVE
Ch. TALLANDIER, Libraire
Boul. St-Germain, 197, Paris

AVANT-PROPOS

L'extravagant et spirituel Rodolphe Salis avait pris à Sieyès le tour de cette devise : « Qu'est Montmartre? Rien. Que doit-il être? Tout. » Le « gentilhomme cabaretier » exagérait deux fois : Montmartre, qui ne sera jamais tout, a toujours été plus que rien. Il fut constamment quelque chose et même quelque chose d'assez tapageur. Par sa situation géographique, appelé à servir d'assise à des temples votifs, il inclina, dès l'aube de l'histoire, vers la dévotion. Sa piété — qui dure — n'est point discrète. Particulière et voyante, elle s'étale, et plus que jamais, en processions et en pèlerinages. C'est un aspect de la Butte; elle en a d'autres.

Montmartre qui eut la diplomatie de s'insinuer en tous temps dans les bonnes grâces parisiennes, lorsque le Chat Noir, sur ses flancs, imprima sa griffe, n'était donc point dépourvu de quelque réputation. Quand on le taxait de n'être rien, il était déjà, — contraste choquant — la Corinthe des plaisirs à bas prix, la villa Médicis des rapins qui avaient raté le coche du quai Malaquais, la terre promise du Sacré-Cœur. Il devenait la nouvelle Lourdes. C'eût été pour suffire à une réputation moins ambitieuse, mais il se flattait d'attirer, sur son sol, fertile en miracles, les pèlerins s'acheminant aux fins les plus diverses.

Cette antithèse, en l'espèce unique, s'est accusée surtout depuis quelque dix ans. Au pied de la montagne, au sommet de laquelle se perpétue le plus paisible des petits villages, et d'où la Savoyarde appelle les croyants du monde entier à la prière, la fantaisie la plus outrancière dresse les tréteaux de ces baladins qui ont réveillé les échos endormis de Ramponneau et des Porcherons. Le monde élégant en a appris la route, faisant un sort à cette allégresse quasi foraine qui met tant de liberté dans son tapage et tant d'art dans sa fantaisie.

On s'y donne rendez-vous, on s'y rue, comme jadis à l'ancien boulevard du Temple, qui est là, en quelque sorte, ressuscité. Cette renommée mérite à Montmartre l'ascension continue d'un public ailleurs blasé. Il chante, et sa chanson est frondeuse des lieux communs sans en être toujours exempte. Elle n'est ni généreuse, ni enthousiaste, ni profondément philosophique; nous sommes loin de Béranger ou de Debraux : mais nous avons toujours Colmance, Muse pince-sans-rire qui ne saurait rire sans pincer, visant à être gaie en étant rosse, et qui est tout au moins rosse si elle n'est gaie. On y court ainsi de multiples bouisbouis qui, outre quelques autres avantages, ont celui d'être agencés avec goût. L'artiste, — et c'est la nouveauté de cette vogue, — s'est, pour la première fois, intimement uni au poète.

De ce double commerce est né le Montmartre que la mode consacre. Le cadre s'est haussé à la gloire du tableau et l'a plus d'une fois éclipsé. Le cabaret s'est fait musée, et l'atelier tréteau. Ange Pitou s'est acoquiné à Cabrion; Tabarin s'est mis dans ses meubles, grâce au concours d'ingénieux pinceaux. Il était indifférent aux cahotés du chariot de Thespis, de jouer en plein air sur la lisière des bois, ou dans la rustique nudité des granges, et l'Illustre Petit Théâtre n'avait pas demandé qu'à son endroit se prodiguassent les architectes. Montmartre, au contraire, abondant en décorateurs, s'est soudainement soucié du décor, — non certes, du décor somptueux, mais pittoresque habilement, libre jusqu'à paraître forain, et s'inspirant davantage du brocanteur que du tapissier.

Mais la mode toute-puissante a de ces caprices. Elle a décrété que Montmartre, pour les profanes, serait terre de volupté, et terre d'expiation pour les pèlerins. Et elle a autorisé, sur toute l'étendue de ce sol tourmenté, le commerce de contradictoires indulgences. Les femmes du monde, qui ont signé de leurs armoiries, pieuses offrandes, les piliers du Sacré-Cœur, tout scrupule vaincu, se sont fait conduire dans les cabarets et les petits théâtres, comme à une partie de débauche. Leurs équipages s'attardent, à des heures indues, en des rues en pente effarouchées par l'éclat d'aussi brillantes lanternes. Elles ont de près frôlé les gloires mineures auréolées des fumées de la tabagie. Elles ont entendu bafouer leurs croyances et railler leurs respects. Elles ont dévisagé des aèdes chevelus, qui, d'un verbe sifflant, menaçaient Ninive d'une destruction prochaine. Elles ont subi, sans broncher, ces assauts impertinents, amusées sous les verges folâtres, et quand l'audace du mot était un affront à toutes leurs pudeurs, un éclat de rire les renversait derrière l'éventail, à peine déployé. « Exquis, murmuraient-elles, inouï, ravissant ! » Aux grandes dames, sur la petite scène de Trianon, Vadé et Beaumarchais, à la veille de l'ouragan, arrachaient de ces complaisants bravos.

Écartons l'amertume des rapprochements, et vivons l'heure pour le plaisir qu'elle sonne. Le pitre des tréteaux n'a qu'un cri : il suffit à toute sa sagesse. Il balafre l'espace d'un ample geste et clame : « Suivez le monde ».

Suivons le monde. A cette heure, il va à Montmartre, c'est une frénésie. Quelques théâtres classés et les cabarets du boulevard en grondent : cet exode durera-t-il qui, au profit des pentes abruptes, dégarnit de ses viveurs et de ses amoureuses, de ses spectacles et de ses spectateurs, l'ancien centre des attractions. Ne délibérons ni ne creusons trop les pourquoi. Grimpons à Montmartre. Suivons le monde !

Suivons-le à l'aurore, derrière la soutane du prêtre de campagne, confondu dans l'humble troupeau de ses ouailles ferventes. Suivons-le au crépuscule, quand la grisette regagne, d'un pas lassé, le logis où les rapins ont découvert quelle était leur muse. Suivons-le, dès la nuit tombée, quand la foule de toutes les foules, secouant le joug du spleen, va demander, à la notoriété éphémère des amuseurs de la Butte — satiristes aux pièces, Juvénal à la petite semaine — quelques heures d'art personnel, de pittoresque débraillé et de verve frondeuse.

Le
Vieux Montmartre

LE VIEUX MONTMARTRE

Dès le boulevard il obsède. Campé sur son éminence, s'imposant aux yeux par les perspectives de quelques rues transversales, il entend qu'on ne l'oublie point. Par-dessus les toits, il crie sa prétention à être vu. Le soir, il se constelle de points de feu qui semblent, sur l'écrin de la nuit, des étoiles imprudentes qui auraient glissé. C'est sa réclame lumineuse. Elle incite le passant à s'informer et à apprendre que Montmartre est là.

Le jour, il présente aux regards appelés vers lui, dans les

allées et venues de la vie boulevardière, une façon d'énigme. Par un temps clair, des pierres neuves, baisées du soleil, dessinent un déroutant amalgame de dômes et de tourelles, de frêles arcatures et de bastions trapus qui, n'étaient les proches cubes de maisons à sept étages — tranches de rues isolées — donneraient la sensation d'un pays d'Orient. De gigantesques poutres brunes, tournant en cirque octogonal et tranchant sur l'ocre pâle des constructions vierges, attestent l'activité d'un travail grandiose tirant son harmonie de rapprochements imprévus. Un large avant-corps circulaire, flanqué de poivrières carrées, a tout l'air d'une forteresse associée à un manoir. Du boulevard, rue Laffitte, on est en présence d'on ne sait quoi, là-bas, de moyenâgeux et de féodal, qui tient du retour des croisades et de la domination des Maures. Et ce n'est que la rencontre taquine d'une basilique et d'un réservoir. C'est le Sacré-Cœur qui lentement s'édifie sur la butte folâtre, la base masquée, du côté de la ville, par cette œuvre édilitaire qu'un architecte de talent a su si bien identifier au temple chrétien, qu'à distance, elle fait avec lui pleinement corps.

Tous les pèlerins qui s'acheminent vers le coteau ne font point que l'édifiant calcul des indulgences que méritent, à qui les gravit, les deux cents marches de la rue Chappe. Il en est qui connaissent mieux les légendes des moulins que celles des martyrs et qui, jamais, pour ce qu'ils s'y trouvent au sein des jouissances, ne dépassent, en hauteur, le reposoir de Grille-d'Égout. N'est-ce pas le seul auquel songe le flâneur qui muse aux babioles de Paris? De l'angle de la Maison Dorée, il aperçoit, à l'horizon, la cime orientale de Montmartre ensoleillé; et il rêve à ces paradis décevants, aux multiples houris, qui ceinturent la Butte de la foi, comme une épreuve.

Les mythes scandinaves content les luttes qu'eurent à soutenir les valeureux chevaliers avant que d'atteindre les vierges héroïques et fières. Des elfes, des normes, des lutins, armés comme le sont toutes les belles filles, s'acharnaient à détourner de leur pieuse aventure les vaillants champions. Ainsi s'emploient, aux abords de la basilique, les diablesses de Montmartre. Par le prestige de leurs agaceries et le philtre de leurs caresses, elles s'efforcent de retenir, à mi-côte, au Moulin-Rouge ou à l'Abbaye de Thélème, un zèle, au vrai, trop peu édifiant pour avoir songé à une ascension plus rude.

Il n'en est pas moins que le contraste est singulier de ce même pays qui, aux mêmes heures et par un même décor, évoque l'idée du sacré et du profane, du cabaret et de l'autel, de la chanson légère et de l'austère cantique — à la volonté du voyageur. Sur cette échelle de Jacob, populaire à la Butte, l'activité des anges est remarquable, mais les bons ont fort à faire. Lorsqu'il établit les comptes des revenus de ses terres montmartroises, Satan n'a pas à se plaindre : sa part est large.

Un premier châtiment attend les infidèles qui, parvenus place Blanche, déclarent ne pas aller plus loin. Trompés par les boniments des turlupins, ils s'imaginent être à Montmartre. Quelques rapins hirsutes, d'ébouriffantes demoiselles, les ailes enrichies d'escarboucles d'un moulin rubescent et les tréteaux des bateleurs où la chanson s'émancipe, c'est pour leur donner à croire qu'ils sont arrivés. Il est mal d'ainsi abuser le monde. Montmartre, c'est une dizaine d'étages au-dessus. Comme prix d'un zèle plus méritoire, les pèlerins du Sacré-Cœur ne sont pas tenus dans une aussi déplorable hérésie. Leurs dévotions les astreignent à parcourir des rues pittoresques. Entre tant d'autres mystères, Montmartre leur est ainsi révélé : c'est la première des nombreuses indulgences qu'ils gagnent au Sacré-Cœur.

C'est un pays d'ex-
ception que Montmar-
tre : d'où sa renommée.
Elle est ancienne. Il
n'est point d'ancienneté
sans vestige, et le pit-
toresque d'un pays em-
prunte le meilleur de
son âme aux vestiges
de son ancienneté. On ne connaît bien ce coteau exceptionnel
qu'en expliquant son présent par son passé, et quels liens unissent
à ses lointaines origines la fortune de ses nouveaux aspects.

Il y a à Paris des sites parvenus : telle la plaine Monceau,
qui n'était, au milieu du siècle, qu'un désert de sable. Il y a des
faubourgs qui font penser à des volcans éteints : tel Belleville.
Il y a des quartiers qui sont comme la Belle au Bois-Dormant
et ne se réveillent pas : le faubourg Saint-Germain. Il y a des
réputations assoupies : Auteuil. Il y en a de mortes : le Marais.

Montmartre, qui se faisait déjà remarquer du temps de

Lutèce, n'est jamais resté inaperçu, et sa popularité, qui a traversé tous les temps et connu tous les succès, n'a jamais décru. Aux premiers âges de Paris, moins encore qu'aujourd'hui, on n'échappait pas à son obsession. Il fut, pour les Parisiens, et surtout avant la pléthore des maisons, ce qu'est le Fouzi-Yama pour les Japonais. On ne voyait que lui qui prétendait lutter d'importance avec la montagne Sainte-Geneviève, orthodoxe et lettrée. N'avait-il pas, comme elle, édifié un temple aux dieux païens? fait envie à César? peut-être baigné quelque autre Julien l'Apostat? Et ne pouvait-il pas se vanter aussi d'avoir eu son sol empourpré du sang des martyrs? C'étaient là les chartes insignes établissant que ses 380 pieds d'altitude n'étaient point l'unique raison qui l'incitât à parler avec hauteur.

Rien n'étonne de notre Montmartre composite, quand on sait que le plaisir n'y est que la suite du plaisir, et que la croyance, sur la butte, vit de tout temps se dérouler les longues théories des fidèles clamant, ardentes, emportées et radieuses, leur foi.

Cette ville de pierres, qui associe au tumulte des tréteaux la voix grave de la chaire, qu'était-elle, non dans les siècles passés, mais seulement dans le souvenir de ces vieux qu'on rencontre encore, de-ci de-là, par les rues d'oubli et de silence? A mi-côte, entre le marché et l'église, sur le flanc méridional, un faucheur tondant quelques bottes d'un foin indigent, chaque année, en juin, évoque, en leur esprit, les pentes qui verdoyaient où sont des rues ; les champs, les prés, les bois, tout ce qui était l'aimable nature champêtre spontanée et libre, et qui n'est plus que maisons colossales, sans horizon, soleil, ni verdure. Le triomphe comporte de ces sacrifices. Montmartre glorieux c'est, par un côté, Montmartre déchu.

La vie était alors — quelque trente ou quarante ans avant Rodolphe Salis — simple et rustique. C'était la vie des champs.

L'homme en blouse, chaussé de sabots, vaquait aux travaux de
la saison ; fermier dont le bien s'étageait au soleil, en cultures

maraîchères d'un honnête rapport ; même en vignes qui furent
réputées. La capitale, dont le panorama gigantesque se déroulait
aux alentours, faisait une bouchée de ces récoltes, et en quelques
lampées, les lundis de noce faubourienne, et les dimanches,
sous la tonnelle, venait boire la diurétique vinée recueillie rue
Saint-Éleuthère, qui n'était encore que la cour du Pressoir.

Le chaotique aspect des carrières ne chagrinait point le site
campagnard riant au grand vent, tout là-haut. C'était comme
une oasis en miniature, sur un socle de plâtre. Béante au nord,
au midi, la carrière se dissimulait sous la végétation. Tout était
vert, encore que les maisonnettes de plaisance plus qu'autrefois
déjà, le disputaient aux potagers. Une tendance s'indiquait, mena-
çant le pays d'une infiltration inévitable : la civilisation de la
ville montait, comme l'eau du déluge, submergeant cette butte
où la vieille église semblait l'arche arrêtée sur le mont Ararat.

Ainsi les moulins, dont les ailes gravement obéissantes aux
souffles de la brise avaient actionné les lourdes meules, main-

tenant, tournaient frivoles et stériles. Les Debray, ces meuniers
de père en fils, ne rendaient plus, contre le froment apporté, la
fine fleur de farine ; ils se bornaient à faire boire une foule
qu'égayait, les jours fériés, un air de violon. Une jeunesse
exubérante, étrangère au vertige, les dimanches, traversait à
ânes la place du Tertre où devisaient les notables, et dévalait les
côtes qu'accidentaient ses culbutes : catastrophes qui ne soule-
vaient que des rires. Un changement prochain, à certains signes,
se manifestait : Montmartre se modernisait sans prévoir sa
destinée bruyante ; car malgré cet enfantement de la célébrité il
n'était que simplement agreste, d'âme campagnarde, faisant ses

foins, emplissant ses celliers. Ses sentiers étaient encore charmants, ses haies plus fleuries qu'agressives ; quelques sources gazouillaient que les carrières n'avaient pas bues. Et l'ombre des acacias embaumait, au printemps, les songeries des vieillards, assis sur le pas de maisonnettes dont la vétusté s'habillait, sans frais, de clématites et de pampres.

Le Montmartre de ces anciens qui jouent aux boules dans un dernier bosquet rue Caulaincourt, ou qui, sur la place, réchauffent au soleil leurs anatomies rabougries, le Montmartre idyllique et champêtre : c'est cette butte, « mamelle de la France », où miaule la nichée du prolifique Chat Noir ; c'est le Montmartre de la muse dévergondée et de l'art affranchi jusqu'à la licence ; le Montmartre où Yvette, en gants noirs, se leva étoile avec la chanson fin de siècle ; où la Goulue érigea en loi chorégraphique le quadrille naturaliste ; où Sarah Brown, laissant choir ses voiles, fit sacrer la royauté éternelle du nu sur le pavois des Quatz'arts !

Peu nous reste de ce passé d'hier, tant regretté. Le touriste le rechercherait qu'une émotion exquise serait le loyer de sa peine. Émotion d'art, non certes, si ce n'est que l'art est dans l'aspect et que le pittoresque a son prix pour une âme touchée du beau. Montmartre, hors sa basilique, moderne comme son palais municipal, n'a point de monuments. Il s'admirait en ses moulins renommés en toute l'Ile-de-France, et il suffisait à sa piété, pour s'affirmer avec éclat, d'une vieille église qui, par fortune, portait la signature des âges primitifs. Mais il l'estimait plus par habitude de paroissien que par raisonnement d'artiste.

Cette vieille église est tout ce qui subsiste de l'ancienne abbaye à laquelle elle appartint ; elle l'avait précédée. Le portail plat et sans caractère, ouvrant sur une place banale, ne laisse point soupçonner le plus ancien de nos monuments religieux. Mais franchissez le seuil. Deux colonnes de marbre et de granit à l'entrée de la grande nef et dans l'intérieur de l'abside, trahissent, par leur contour galbe l'origine antique d'une église qui fut construite des débris d'un édifice gallo-romain. Nos premiers rois l'ont connue. Elle est nommée au IXe siècle. Ce que l'on en voit le laisse deviner avec quelque confusion. C'est qu'elle a essuyé un ouragan, un incendie, les Normands et les architectes. De contradictoires ravaudages l'ont si compliquée que l'on serait en peine d'en dire le style. Le chœur, pourtant, dans ces successifs avatars, a été épargné. Réservé longtemps aux religieuses du monastère, il était dit le « chœur des dames. »

Le nom lui en est resté. C'est un morceau d'architecture intéressant. Le télégraphe de Chappe l'a longtemps surmonté. Si délabré, à l'intérieur, une cloison le masque aux fidèles. Serait-il séant de n'exposer que des ruines? C'est un amas de décombres. Les fenêtres sont aveuglées. Ce qu'il en reste, est suspendu par un miracle d'équilibre sur des charpentes moisies. Des plantes parasites obstruant les chéneaux, ont laissé l'eau du ciel raviner les murs, entraînant dans les contreforts des graines devenues des arbres vigoureux, dont les racines ont rompu les assises de l'édifice. A côté de l'ancienne église, de cette humble vieille caduque et branlante, comme la basilique se dresse, orgueilleuse de santé et de force, dans tout l'éclat de sa jeunesse ! Les pèlerins, pour l'aïeule, n'ont ni attention, ni respect. Vient on de Bretagne ou d'Anjou pour voir, à Paris, l'église de son village ?

Son curé en souffrait. Il estimait que mieux valait la mort que cette traînante existence. Il projeta de la détruire pour la réédifier plus bas, moderne, confortable, d'un accès moins méritoire peut-être, mais plus tentant. Les paroissiens laissaient faire. Mais s'il suffisait d'un juste pour sauver une ville maudite, il suffit d'un archéologue pour épargner un monument. Et la Butte en a bien sa bonne douzaine réunis — avec quelques zélés profanes — en société, sous ce vocable : « Le vieux Montmartre ».

Ils s'assemblent un jour du mois, à côté du musée local qu'ils
ont créé, à la mairie même. Leur maire, M. Wiggishoff, les préside.

Un enfant du pays,
né impasse Trainée
à deux pas de cette
église qu'on voulait
sacrifier ; lettré, bibliophile et artiste. Ils ne s'enferment pas dans le
culte du passé, jusqu'à entraver l'essor de l'avenir. Ils concèdent
quelquefois, en soupirant, que le suranné se régénère et que le
pittoresque vermoulu le cède à la jeune utilité. En chemin, pour
se consoler, ils ramassent ce qui tombe de la hotte du temps ; ils
recueillent les vestiges dont l'histoire locale s'illustrera : poteries
gallo-romaines, statues, urnes antiques ; ou de plus modestes
témoignages encore : vues graphiques de ce qui s'en va. Ils ne se
battent pas contre l'inexorable, mais apprennent-ils qu'un acte de
vandalisme s'accomplit sur un sol qui leur est cher? Ils accourent.
Leur vigilance fut ainsi éveillée pour l'église, qu'avec l'aide de
M. Charles Normand, prompt à s'alarmer, et d'un révolutionnaire
par l'art assagi, M. Fournière, ils sauvèrent des démolisseurs.

Leur zèle n'a que rarement l'occasion de s'exercer avec un tel fracas. L'art n'a point laissé de traces sensibles dans cette campagne qui ne tirait son charme que de la nature. Le temple

païen de Mars ne subsiste que dans le souvenir, et pas une pierre ne demeure visible de la célèbre Abbaye que la tourmente révolutionnaire dispersa. Les plus anciennes constructions privées n'attestent que le savoir d'un maçon. L'occasion n'est point commune de saluer au passage un édifice tenant sa grâce de l'industrie d'un architecte. Tel, au lieu qui fut le village de Clignancourt, ce charmant hôtel de Trétaigne qui n'était, sous Louis XVI, que la maison des champs d'un bourgeois cossu. Il venait s'y reposer des bruits et des tracas de la ville.

Ainsi, un temps exista, si proche, où la paix, dans la pleine nature, se goûtait au 112 de la rue Marcadet !

Le parc subsiste d'une appréciable étendue, planté d'arbres séculaires et d'essences peu banales. Une végétation y croît ordonnée et puissante, échappée à la fièvre de la bâtisse.

C'est, chez le Montmartrois, une habitude de mêler la couronne et le monarque à ses souvenirs. Un roi, en particulier, a le privilège de chanter dans sa mémoire. Une autre maison, au 108 de la rue Marcadet — cet ancien Chemin aux bœufs — témoigne d'un long passé. Les vieux qui l'habitent n'hésitent point à en indiquer l'époque : elle date, disent-ils, du temps d'Henri IV. Une maison à tourelles, rue du Mont-Cenis, lui fait face. Qui l'habita ? Encore Henri IV. C'était lorsque le roi voulait, par les rigueurs d'un siège, conquérir des sujets qu'il ne devrait qu'à l'amitié. Le vert-galant ne faisait point la guerre sans l'amour. La légende se refuse à penser qu'il couchait seul sous ces toits aux pignons pointus ; elle lui prête une compagne : c'est ordinairement la Belle Gabrielle. L'auberge voisine, ouverte dans ce qui reste, en avancée, rue du Mont-Cenis, de la chapelle du manoir des seigneurs de Clignancourt, est placée sous ce vocable. Un cabaret voisin se flatte de cette origine. Un archéologue, M. Charles Sellier, moins sensible aux yeux de la Belle Gabrielle qu'aux attraits de la vérité, dans sa tourelle, n'a que reconnnu ou l'assise d'un moulin ou le colombier féodal.

Ce n'est point l'affaire de nos vieux Montmartrois, l'esprit fleuri de jolies histoires, qui savent ces choses et d'autres, et sans vouloir en imposer, montrent au Parisien ou au touriste l'endroit, — oui, monsieur ! — où se terminait, vers Pantin, le souterrain par lequel Henri IV venait en conter aux dames de l'abbaye ; à moins que son humeur badine ne maraudât aux corsages généreux des accortes meunières.

La rue Marcadet, compte ainsi quelques illustrations. Sa vanité s'enfle d'avoir à montrer au 71 un immeuble de grâce hautaine, fléchissant sous le poids de deux siècles. Maison des champs encore, perdue là, autrefois dans l'émeraude de ses alentours, sans voisinage, que quelques retraites, dont celle du greffier Gilles Boileau, père du poète Nicolas, qui passait, l'été, ses

vacances à Cli-
gnancourt. Il
en garda un
souvenir, plutôt
piquant : celui
des puces, dont
son somme
fut incommodé.
« Du repos des
humains, l'im-
placable enne-
mie » qui lui
dut l'immorta-
lité, était une
créature de
Montmartre...
décidément pro-

mis à toutes les illustrations.

Un vaste parc entourait cet immeuble du 71 qui se restreignit, peu à peu, au bénéfice de rues qui en occupèrent l'emplacement. Jean Labat, inspecteur des carrières, d'esprit pratique et conscient des besoins nouveaux, aliéna les frondaisons de cette propriété devenue sienne, au profit de ces voies, aujourd'hui si populeuses. Il fut le parrain de l'une d'elles.

Les parrains du moderne Montmartre sont surtout les entrepreneurs qui bouleversèrent l'ancien. Parfois, délicate attention, ils baptisèrent ces rues qu'ils traçaient du nom de leurs femmes ou de leurs filles : Antoinette, Gabrielle, Ernestine, Berthe...

Jean Labat eut la décence de ne pas raser cet immeuble de si belle allure. Ses fils en sont récompensés par la considération dont on entoure cet hôtel que d'aucuns nomment, on n'a jamais su pourquoi, « la Maison de la couronne de France ».

L'imagination locale étale ainsi les trésors de son érudition, devant toute bâtisse qui a des manières de bonne maison. La rue Cortot, venelle qui serpente, étroite et fraîche, est bien la plus paysanne des rues ; mais, au numéro 2, le populaire s'est arrêté, accroché par un seuil dont deux pilastres relèvent la rusticité. Il a cru y voir passer haute et gaillarde l'ombre de François Ier. C'est une infidélité à Henri IV. Mais François Ier est encore un maître ès galanterie. Ses fredaines disposent aux récits grivois. On l'aurait vu également près des moulins, en bonne fortune. L'amour-propre du cru est complaisant aux légendes poussant à croire qu'en ce pays, jadis, les princes, s'ils ne les épousaient, du moins étaient tendres aux bergères. Ils ne leur sont pas aujourd'hui plus cruels, mais les bergères descendent la Butte, et les grands de ce monde qui viennent incognito à Montmartre, en rencontrent, assure la chronique, et de très humaines, sans avoir à monter jusqu'à la rue Cortot.

Cette rue Cortot, les artistes et les poètes la choient. Elle a la fantaisie capricieuse d'un pittoresque qui ne s'est pas étudié. Nées sans plan préconçu, ses habitations, sur un tracé de hasard qu'on trouve déjà indiqué au xve siècle, peu à peu voisinèrent; celles en contre-bas le nez collé dans les reins de celles d'en haut. C'est là le principe essentiel de la construction montmartroise. Les maisons grimpent la côte comme un troupeau de chèvres. Les imprévus du terrain, ses éboulements, ses arêtes, ses inclinaisons ont été la loi unique imposée à qui édifiait. On lui obéit, et l'on réalisa ainsi, au petit bonheur, des trouvailles comme la rue Saint-Vincent ou la rue des Saules. La nature, point violentée, accorda à l'homme sa collaboration. Elle lui donna des arbres qui avaient poussé à la grâce des saisons, le jeu énergique des ombres et la féerie d'une verdure que les jardiniers de l'école anglaise n'avaient point peignée. Elle lui enseigna l'agréable architecture que réalisent quelques moellons recouverts de chaume. Une maison a gardé, rue Saint-Vincent, son petit chapeau de paille, et n'en est pas plus mal coiffée. Quant au reste, il n'y avait qu'à laisser faire au temps. C'est un décorateur plein de ressources et toujours heureux. Il patinerait les pierres, donnerait au chaume un ton généreux de bronze ancien ou d'ocre adouci à la brique. Il entourerait de plantes embrasseuses la nudité laiteuse des murailles ; il ferait courir des roses sur le cadre des croisées, et, sur le seuil, secouerait des glycines. Il balancerait, le long des clôtures, les encensoirs violets des lilas, et par-dessus les murailles bordant la rue, en guise de façade, déploierait, comme un manteau royal semé de mouches d'or, la verdure fleurie des acacias !

Telles que ces rues naquirent, telles elles sont demeurées, rebelles à toute symétrie, hostiles à tout alignement ; forcées d'être vieilles et de le paraître encore plus, ne masquant l'injure des années qu'avec une maladresse qui l'accuse davantage. Ridées, lézardées, voûtées, cassées, eurent-elles une jeunesse ? On se le demande, comme de ces anciennes rencontrées dans les villages, si décrépites, qu'il n'est effort de la pensée pour les peindre à vingt ans. Elles n'y aident point, vaines de leur longue durée, orgueilleuses de leur survie. Ainsi ces rues Saint-Vincent, Cortot, des Saules, du Mont-Cenis, qui se savent intéressantes par leur grand âge, et se gardent de ces rajeunissements qui ne sont qu'un des pièges de la mort.

Leurs jours sont pourtant comptés. Leur vieillesse si verte est un anachronisme sur une butte d'où la verdure émigre. En dépit de sa pente qui la fait impraticable, la rue du Mont-Cenis dont les paysagistes, de l'hiver à l'été, ne se lassent point de fixer les aspects, sent, à ses pieds allongés vers Saint-Denis, le froid de la civilisation. Des rues neuves se pressent, qui lui font une tombe somptueuse où son passé, sans histoire, oublié demain, dormira.

Le village où la rue du Mont-Cenis débute ne lui survivra
guère, ce petit village de Montmartre qu'il faudrait décréter
monument historique, tant il offre, en raccourci et, sans à peine
de retouches, le tableau pittoresque et riant de ces menues agglo-
mérations urbaines, cellules dont est fait le tissu de Paris ! Voici
encore la place, « le Tertre », un rectangle planté, dont de paisi-
bles maisons dessinent les contours. Elle a gardé sa physionomie

rustique avec ses boutiquettes provinciales qui ne répondent
qu'aux besoins vulgaires et immédiats : la mercerie économique
qui vivote de vendre son fil pelote à pelote ; l'épicerie qui tient
l'article de ménage ; et la confiserie dont les mouches se
délectent plus que les enfants. Depuis que les carottes ne
poussent plus sur le parvis du Sacré-Cœur, le coin de ferme
de la rue Norvins, sans étable maintenant, ni chevaux de
labour, rappelle son passé dans l'étalage de légumes rapportés
des Halles ou de Saint-Ouen.

Et le vin vient
de Bercy ; on le
pressait jadis rue
Saint-Éleuthère ;
et il se buvait à
la pinte, chez la
mère Catherine
Lamotte. Son ca-
baret démoli a pi-
rouetté sur place ;
il persiste dans
l'enseigne rappe-
lant l'invite d'au-
trefois : « Au bon
vin de chez Cathe-
rine ». Le caba-
ret rebadigeonné
accuse sa nais-
sance : cent ans
et plus. Il s'ouvrit
rue de Norvins
en 1793, alors que
dans une maison
voisine s'installait
la municipalité
révolutionnaire.
Elle n'imposa
point de spectacle
tragique à ces
heureux foyers.

Il est vrai que les sentences ne s'exécutaient plus là. Le souvenir est
perdu de la plus lointaine — un violateur qu'y firent brancher

les abbesses. En guise de fourches patibulaires, les aînés ne se rappellent bien que le mât de cocagne, au jour de la saint Pierre, où se balançait la Fortune, symbolisée dans un jambon.

La vie rayonnait de là aux alentours par des pentes accidentées qui donnèrent aux gens de Montmartre un avant-goût des montagnes russes. Ces voies capricieuses étaient comme ces veines des mamelles nourricières qui amènent la vitalité au sommet du sein. Les unes, longues et profondes ; les autres courtes et rapprochées. La placide rue de Norvins, pareille encore à ce qu'elle fut toujours, était la grande rue réservée à la mesure des ébats du piéton. Ces rues finiront dans l'impénitence finale. On ne modifie point de tels aspects. Quand on y touche, on les détruit.

Le ruisseau longtemps jabota au milieu des pavés, et sa chanson, paraît-il, n'était jamais interrompue. On a retrouvé, à cette altitude, jusqu'aux vestiges d'un bain romain. Ces vainqueurs étaient d'illustres porteurs d'eau : ils ne semblaient conquérir les éminences que pour la joie d'y édifier des aqueducs. Montmartre, toutefois, se fût passé de leurs canaux industrieux : il s'abreuvait et s'irriguait par ses propres sources. Saint Denis, une fois décapité, lava sa tête dans l'une d'elles, qui était à l'orée d'un bois touffu, sur le versant. Eau miraculeuse après un tel office !

Un soir, que vous passerez devant le Moulin de la Galette, arrêtez-vous. Observez où vont, en sortant, les couples que l'amour enlace. Ils tournent à gauche dans la rue Girardon, ils pénètrent dans une impasse obscure. N'en soyez pas surpris : les impasses sont d'ordinaire les chemins dans lesquels nous engage l'amour. Les lèvres unies, les bras noués, ils y prononcent des serments qu'ils croient éternels et, sur la muraille, de la pointe d'un couteau, les signent. — Ernest s'y nommant « Néneste » et Émilie « Mélie ». Ce sont des aveux emportés ou des accents d'un ardent lyrisme. Venelle de volupté, ruelle chaude, temple des premières caresses que l'esprit est emporté loin de la source miraculeuse dont cette impasse Girardon n'est pourtant que le tracé ! C'était, jusqu'en 1810, une fontaine, la fontaine où le saint martyr s'arrêta, et où s'arrêtèrent, après lui, les fondateurs de la Compagnie de Jésus, par la chasteté tuant les vaines ardeurs et s'entraînant pour la guerre contre l'esprit nouveau. Que différents sont les vœux des passionnés égarés là — encore qu'ils se promettent obéissance aveugle et zèle sans défaillance !

Mais pour quelle guerre s'entraînent les conjurés, habitués aussi de ce lieu ? Entre tant d'autres, trois noms : « la Fouine, la Soupe et Fil d'or », sont, d'un même eustache, gravés — ô Mandrin — dans un même cartouche. A les lire, à l'endroit précis où s'arrêta le décapité, si, devant nos yeux, passe une vision de têtes coupées et de troncs sanglants, n'est-ce point que notre pensée vagabonde plutôt vers la Roquette que vers saint Denis ?

Les apparences sont peut-être pour nous égarer. Ces sobriquets ne sont qu'anodins. Fil d'or, la Soupe et la Fouine sont sans doute de braves enfants qui ne se donnent que par gloriole des surnoms de voleurs en bande. Ce sont les sempiternels joueurs de billes de la place Ravignan, idéal territoire, plus défendu aux voitures qu'une forteresse aux assiégeants, et que domine le château d'eau polygonal, d'un style pseudo-Renaissance, qui fut le premier réservoir de Montmartre lorsque les fontaines se furent séchées.

La carrière a bu la fontaine de saint Denis, comme elle a bu la source de la Bonne-Eau, abondante et exquise : la gratitude de qui l'apprécia le rappelle dans le baptême de la rue de la Bonne. La Fontenelle, sa rivale, moins heureuse, a cessé, au profit du supplicié La Barre, d'être évoquée sur une plaque municipale. Depuis dix ans, enfin, décevante est la rue de

l'Abreuvoir, l'abreuvoir ayant disparu ; et décevante aussi la rue
de la Fontaine-du-But, pleurée par les anciens. Sa vétusté la
parait d'un charme antique. « Avec un bas-relief, disait Gérard
de Nerval, une ou deux figures de naïades, on obtiendrait, à
l'ombre des vieux tilleuls, un admirable lieu de retraite, qui

rappellerait certains
coins de la campagne
romaine. » C'est aujour-
d'hui un quinconce plan-
té de maigres arbres où,
les après-midi d'été, vil-
légiaturent ceux qui doi-
vent avoir la philoso-
phie de prendre Nice où
ils le trouvent.

Ces fontaines, si verveuses, se virent remplacer par ce petit
édifice de la place Ravignan, rue Lepic, qui donnait quelques

centaines de mètres cubes d'eau. Qu'était-ce que cela? « Un géant altéré les eût bus d'une haleine. » Montmartre se couronna donc d'un réservoir, cent fois plus abondant, et si décoratif, que de loin, Paris le confond avec la basilique, qui ne lui en garde pas rancune.

N'y a-t-il pas là comme un symbole chrétien? La Butte, avec sa fontaine, n'est-ce pas un peu cette Samaritaine, légère et sans piété que le Nazaréen rencontra au puits de Neapolis? Il avait soif. Elle lui refusa l'eau qu'elle avait puisée en sa cruche. Mais pour s'être trop près de lui attardée à le regarder et à l'entendre, elle se troubla. Et elle s'en alla publier que le Prophète était venu qui donnait à boire l'eau vive!

La Butte n'est, au reste, que conversion. De village, elle devient cité et de maraîchère, industrielle. En bas, de guinguette, Tivoli. En haut de païenne, chrétienne et de paroisse locale, basilique universelle. Dans sa lutte toute moderne entre la Foi et le Plaisir, qui de la Foi ou du Plaisir l'emportera? L'historien de Montmartre assiste à la phase ultime de cette métamorphose, et, envisageant ce bloc convulsé, se demande : « Sera-t-il dieu, table ou... cuvette? » Il se pourrait aussi qu'il restât ce qu'il fut toujours : une terre d'exception, nombreuse en indulgences, féconde en contrastes et, à des fins diverses, fréquentée des pécheurs.

Vous le concevez, maintenant : cette promenade de touriste à travers les quinze siècles du vieux Montmartre, permet d'entrevoir que rien ne germe qui, sur ce sol n'ait été ensemencé. Les pierres votives de l'autel de Mars sont les assises idéales du Sacré-Cœur. Et si, brusquement on passe du sacré au profane, on convient que les ailes du Moulin rouge ne sont que celles des très vieux moulins qui, à tant tourner, ont fini par mal tourner. Dans les pages prochaines, il y aura lieu de suivre les différentes manifestations vitales de ce petit pays, — manifestations de la piété, de l'art et du plaisir. Momentanément, et pour plus de clarté, ne voyons que l'attrait que son pittoresque exerce, à travers le temps, sur les Parisiens, qui deviendront, en hâte, ses envahisseurs.

Montmartre
bâtit Montmartre

MONTMARTRE BATIT MONTMARTRE

Si prenante que soit son impression, Montmartre cultivé et
fleuri, aimé des nonnes, recherché des bourgeois et gravi par
les fous, serait resté villageois et champêtre si ses flancs
n'avaient recelé un trésor : le plâtre. Paris n'est à peu près bâti
que de ce plâtre-là, qui était fin et clair, et jadis lui méritait
d'être appelé la « ville blanche ». La malice des rues traduisait cet
emprunt dans le proverbe : « Il y a plus de Montmartre à
Paris que de Paris à Montmartre. » Ce n'est plus tout aussi

vrai. La dette du plâtre est payée, et c'est surtout de Paris qu'il
y a aujourd'hui à Montmartre. Les carriers, termites ou taupes
de la Butte, ont été à la fois ses bons et ses mauvais génies. Ils
ont été les agents les plus décidés de sa métamorphose. Ils ont
tout ôté à Montmartre et lui ont tout donné. S'ils n'eussent
creusé des carrières, la foi naissante, au flanc de la montagne,
n'eût point trouvé ses catacombes, et la réputation que lui valut
à la suite la fréquence des pèlerinages en eût été amoindrie.

Mais à la longue, la fièvre du plâtrier fut importune. Il devint
audacieux et envahissant. A ciel ouvert, il creusait des excavations
qui faisaient figure d'abîme. Dans les entrailles du sol, il perçait
des galeries souterraines qui en compromettaient la stabilité.

La carrière, assoifée par cette activité incessante, l'une après
l'autre, buvait les sources fraîches et, cep à cep, engloutissait les
vignobles. Puis c'étaient les moulins. Un jour c'est celui de la
Lancette projeté dans les troisièmes dessous de la mine. Une
autre fois, c'est le bal de l'Ermitage. Une noce y danse quand le
sol, cédant à la cadence des pas, s'entr'ouvre et voilà disparus les
mariés. Le Tivoli, averti par des craquements de mauvais
augure, arrête le bras des ménétriers. On ne s'aventure plus
qu'en tremblant dans les chemins creux, rue Ravignan, et dans
la rue de la Fontenelle, suspendue entre les ravins que les
carriers ont creusés. La mairie de la place des Abbesses prévoit
le moment où ses services auront pour bureaux les couches anté-
diluviennes. Cuvier serait, sans doute, ravi de risquer, dans
une soudaine descente la rencontre de quelques fossiles ; mais
aux Montmartrois il suffit de collectionner des coquillages surpris en la société de « la pierre à Jésus ».

On a le souvenir là-haut de ces falaises blanches et crayeuses,
de ces tranchées opaques qui donnaient le frisson. Au pied du
Sacré-Cœur, en face de la rue André-del-Sarte, un faux rocher,
enguirlandé de lierre, joue les assises de granit. Dans ce rocher

de pacotille, une anfractuosité est pratiquée; trou d'ombre, béant et mystérieux que clôture une grille. Elle passe, à tort, pour être l'ancienne entrée des carrières que de Nerval comparait à des temples druidiques, avec leurs hauts piliers supportant des voûtes d'où l'œil, plongeant dans les profondeurs, s'attendait à voir surgir quelque horrible dieu. Il n'en voyait sortir que des ivrognes libérés de leur superflu alcoolique ou de louches escarpes qui s'y étaient reposés des fatigues de leurs entreprises.

Ces galeries s'étendaient au delà des limites que la prudence officielle avait assignées aux plâtriers. L'amour du lucre les poussait à s'avancer si près des routes que les abords s'effondraient dans les cavages, et que des chemins fréquentés restaient en grand danger suspendus. Les inégalités de la Butte, ses rues en fondrière, le dessin tourmenté de ses aspects, témoignent du travail souterrain de ces hommes, pendant des siècles, acharnés à fouiller les flancs de la montagne débonnaire. Destructeurs et pis, iconoclastes à l'occasion, leurs pioches, menées par des sourds, ne s'arrêtaient point aux appels de grâce. Ils étaient les fossoyeurs de leur propre cité, lui creusant son tombeau dans ses entrailles. Pour que l'Abbaye avec sa crypte, sa chapelle, ses reliques disparût, il suffit à la Révolution de la vendre à un plâtrier.

De traces matérielles de cet ancien asile des nonnes, peut-être au 7 de la rue de la Vieuville, les caves d'une maison en recèleraient-elles des fragments assez vagues.

Un érudit rechercherait quelles raisons guidèrent les Bénédictines qui s'en vinrent, à cet endroit, mourir au monde. La réputation de sainteté du Mont des Martyrs les y incita, sa vigne aussi sans doute et ses champs. Les moines sont entendus dans le choix des sites, et ce n'est point un mince titre pour le pittoresque du lieu que l'élection qu'en fit l'Abbaye. En cet édifice, se résumait à peu près toute la vie politique et sociale de cette contrée. Les dernières générations ne l'ont point connu, les neveux en parlent par ouï-dire, avec une ferveur dévotieuse transmise par les récits. On se plaît à tracer, par la pensée, le périmètre de l'espace où, sereines et majestueuses en leurs austères robes de bure, et long voilées, se promenaient les « dames ». Ce tracé, de forme très irrégulière, descend du Sacré-Cœur au marché Saint-Pierre, sur une largeur allant de la place des Abbesses au théâtre Montmartre.

Le couvent actuel, rue Antoinette, marque l'emplacement de l'ancienne chapelle des Martyrs. Ce prieuré était ravissant, garni de vignes et couronné de moulins : le pain et le vin, quel décor plus eucharistique ! Les délices de la nature sont perfides. La mollesse se serait un instant, dit-on, sous le diaconat de Mme de Beauvilliers, insinuée dans le cloître à la faveur d'avrils trop complaisants et d'octobres dont le fumet des cuves rendait à Dionysos un peu du culte que saint Denis lui avait victorieusement disputé.

Sur cette éminence, l'air est si pur, la paix si profonde, la
vue si caressée, que l'une de ces maisons toujours debout, rue
de Norvins, est cédée plus tard au docteur Blanche. Ce praticien
se propose d'y traiter les inquiets et les déments. L'asile où
après la tempête des nerfs, tant de naufragés de la grande ville
trouvèrent un refuge, se fait remarquer derrière le château d'eau
de la place Ravignan, par une grille rouillée, encastrée en des
pilastres fraîchement rechampis. Derrière la maison, sur le
versant, le parc où les fous poursuivaient de chimériques papil-
lons, est devenu une colonie de jardinets. D'humbles gens les
cultivent, dont le cerveau sans ambition, sagement, s'est gardé
des chocs et des vertiges.

Quel fou, chez le docteur Blanche, pour avoir promené sa
mégalomanie sur le panorama de la capitale, a fait ce rêve
absurde, irréalisable et comique de construire Montmartre ? Quel
projet ! En est-il de plus téméraire ? Confier des maisons à ce
sol instable qui n'est que sable mouvant et fuyante glaise ?

Passe pour quelques maisonnettes chétives, quelques abris villageois, dessinant des sentiers abrupts, familiers aux ânes têtus et aux chèvres capricieuses, mais des immeubles de rapport, des casernes à sept étages, des rues régulières !

Quel fou le peut oser? Ce n'est pas un fou, c'est un de ces carriers qui ne pouvant plus besogner dessous besogneront dessus. La perspective de se réveiller dans les catacombes tapissées de gypse a fait dénoncer ces plâtriers dont l'œuvre est devenue si funeste, qui ont dépouillé la Butte de sa parure, qui en ont fait une caverne et un abîme et qui, si on ne les arrête, en feront une nécropole. On les arrête. On leur interdit de détruire davantage. Resteront-ils inactifs? Ce sont gens de ressource. Ils ont été quérir le plâtre pour autrui, ils l'emploieront pour eux-mêmes. Et Montmartre, qui en a assez de bâtir Paris, va bâtir Montmartre. Tel était plâtrier qui sera entrepreneur. Il s'appellera Burcq, Tourlaque, Caplat, Cottin, Lavisse, Feutrier, Labat. — ce Labat qui prêche d'exemple et commence par convertir son parc en quartier. Ces hommes auront des compas et des niveaux, ils aligneront les façades, l'esprit géométrique.

Des chaussées, des routes, des chemins sont bordés d'aimables villas en retrait sur des jardins, de fermes espacées, égrenées dans la campagne. Et c'est charmant ainsi. Laissez faire : la règle à la main, ils combinent une rue, la rue Marcadet. Elle sera rectiligne, d'une seule coulée. Par économie, ils respecteront d'anciens murs et des toits vénérables, cachés par l'affreux décor de leurs façades hautes et plates; si bien qu'on aura l'agréable surprise, plus tard et longtemps, de, soudain, rencontrer, au fond des allées obscures de ces tristes ruches ouvrières, — comme un coin de Pompéi sous les cendres du Vésuve — de jolies petites fermes, prisonnières des plâtras vomis par le fléau de la spéculation. Elles sont devenues forges, roulages, surtout vacheries. Il n'est quartier où il y en ait autant.

La moins défigu-
rée est celle de la
rue du Mont–Ce-
nis, qui assure
dater de 1788. Il
y a dix ans, ses
vaches paissaient
dans le pré voi–
sin ; le pré est
devenu fabrique,
et depuis, les dou-
ces ruminantes,
plus recluses que
la Sachette dans
son Trou-aux-rats,
vont chercher loin
l'herbe odorante
qui donne un
lait pur et nour-
ricier.

Ces constructions étaient encore à une raisonnable altitude.
Qui oserait les jucher sur la butte même? Qui? Ces entrepreneurs, plus acrobates qu'artistes. L'assaut était décidé et nulle
difficulté n'arrêterait l'assaillant. Les maisons grimpèrent donc
les unes sur les autres; celle-là escaladant le toit de celle-ci, dans
un imprévu inquiétant et bouffon. Les trois étages de devant
devinrent les sept étages de derrière. Pour les locataires qui
entraient par une rue, la concierge était au rez-de-chaussée, et
au grenier, pour les locataires qui entraient par une autre. Des
lucarnes voisinaient avec des soupiraux et des caves avec des
mansardes. On apprenait des catastrophes bizarres : par exemple,
qu'un pochard, tombé de l'entresol, avait fait une chute de cinq

étages. Entre les façades resserrées de rues sans nom, des escaliers, échelles de meuniers, grimpaient par bonds, comme encore passage Cottin ; puis, par degrés méthodiques, en vrai granit, aidaient à franchir, à pic, la succession des toits superposés. On bouchait les trous avec les gravats rapportés des démolitions de Paris. La rue Caulaincourt recevait les décharges de la rue de Rivoli, ou de la rue Turbigo. L'entrepreneur se frottait les mains : il vendait l'hospitalité de terrains vagues payés à vil prix à des matériaux qui, très à propos, les comblaient. Les belles maisons du futur Montmartre n'auront pas d'autres assises.

Les ateliers nationaux ont toujours été de corvée sur la Butte. En 1788, par ordre de Necker, ils ouvraient à coups de hache, dans les bois, des rues nouvelles. Par ordre de Ledru-Rollin, en 1848, ils appliquaient à la place Saint-Pierre les principes d'égalité dont la révolution était issue. Ils nivelaient en partageux, prenant où il y avait pour donner où il n'y avait pas, bouchant les excavations avec l'excédent des éminences, décapitant, pour combler les fondrières de la Hutte-aux-Gardes, cette « Butte aux cochons », patrimoine d'une vieille femme qui s'était retirée du commerce des hommes dans l'amour des pourceaux.

La vieille était de ces nomades qui, sans contrat de vente, s'emparaient des parties du sol dédaigné, inexploitable. C'était le temps où les Picard payaient deux sous le mètre le terrain où s'élève aux Grandes Carrières, la mairie neuve. Les flancs éboulés, galeux, crevassés, ruinés par les dessous, traîtres aux labeurs, ne pouvaient, les carriers partis, que tenter la convoitise des chemineaux. Dans les espaces déserts, sans maîtres connus, ils faisaient halte, un soir de fatigue, et sur la pierre crue, dormaient du sommeil lourd et plein des vagabonds. Ils y dormaient le lendemain, ils y dormaient la semaine. La sécurité de l'accueil, l'habitude, le contact répété entre cette terre et eux établissaient un lien. Elle devenait leur chaque jour un peu plus, et chaque jour un peu plus ils se sentaient lui appartenir. Ils délimitaient, avec des cordes, l'emplacement de leur couche improvisée; ils en écartaient les ronces rechignées et les pierres trop aiguës; ils traçaient à leur ambition des frontières avec quatre pieux. De mauvaises planches, rapportées de la maraude et jointes, petit à petit, formaient une clôture. Le « moi » se dessinait, impérieux, dans ces prises de possession, prudentes et rusées. Ils étaient hier sur la grande route, ils sont aujourd'hui chez eux, en vertu d'un droit de prime occupant, que le cas échéant ils feront valoir. Telles fortunes terriennes ont à ce point cette origine, qu'on n'ose affronter, à Montmartre, la revision du cadastre.

La couche en plein air était devenue clôture, la clôture devenait maison qui se parachevait au hasard de matériaux rencontrés dans les détritus arrachés aux bois environnants, de débris retirés des démolitions, du déchet des chantiers, des épaves de la Seine, du trop-plein d'autrui, chapardés, maraudés. Les boîtes de sardines, chiffonnées dans les immondices, ajoutaient aux portes l'éclat des ferrures; les toiles dont se débarrassaient les peintres ravaudaient les trous drôlement; des papiers goudronnés appliqués aux fissures montaient la garde contre les vents coulis. Murs d'arlequin faits des reliefs de toutes les bâtisses, cabanes rapiécées comme une culotte de gueux, roulottes aux roues enlizées dans un sol accueillant : asiles où les heureux, s'ils en avaient su le chemin, eussent pu voir le spectacle du bonheur.

Un jardin complétait la bicoque qui déroulait, sur le coteau, sa bande gaiement bigarrée. Aux alentours, c'étaient les quelconques espaces tapissés d'une végétation impromptu; des champs d'herbe folle, fourrage médiocre, mais suffisant à la sobriété d'un bourriquot qui serait le premier compagnon d'un bambin. Car le couple, en la masure, sur son grabat, quasi à la belle étoile, s'est étreint sans préoccupation de l'embarras des fécondes

nichées. La marmaille pousse
en plein vent, à quatre pattes,
dans les herbes, d'un rose moins lavé que les amours de
M. Bouguereau, mais plus vivant.

Ces ménages primitifs subsistant d'approximatifs métiers,
sur le versant nord, ont essuyé les plâtres de la civilisation. Ils
ont jalonné les rues futures. Leurs cabanes ont été la promesse des bâtisses géantes. « Ça, disait un entrepreneur qui,
dix ans après la guerre, avait son plan, ça, c'est un pépin de cinq
étages. » Il désignait une de ces cahutes en laquelle un chaudronnier, rue Lamarck, empilait sa maisonnée et ses chaudrons.
Il a poussé le pépin, et au profit de qui en eut le flair. L'im-

meuble prophétisé est debout. Il a
façade en pierres de taille imagées, il
fait figure de millionnaire sur la rue
Caulaincourt, devenue une autre avenue de Villiers. Des balcons supportés
par des cariatides, des encorbellements d'un style qui vise au
magnifique, des loggia à l'italienne, tout le luxe pesant et parvenu
d'un siècle bourgeoisement égalitaire, annoncent l'immeuble qui
ne recevra, au moins sur le devant, que des locataires cossus.
Ah! la petite maison du chaudronnier, branlante à la brise, avec
son potager simplet, ses soleils qui se balançaient comme des
ostensoirs et la pot-bouille des gosses barbottant de compagnie
dans la seille dont la glace humide reflétait le museau barbouillé
et rieur de l'âne et son long nez velu et ses oreilles droites et
circonspectes !

Le chaudronnier, avec sa nichée, n'est point parti. Il s'est
résigné. Il a compris que c'était fini des maisonnettes indépen-
dantes, qu'il devait renoncer à la joie des cottages ressemelés
avec de vieilles bottes, sur un terrain innomé. Il a vendu le

bourriquot, il a chaussé les moutards qui étaient nu-pieds. On veut de la tenue, et dans la belle maison il a loué la place que sa détresse lui assigne. Car la belle maison a pensé à lui, comme une châtelaine à ses pauvres, qu'elle secourt en calculant le bénéfice moral d'un bon placement. La somptueuse façade masque des corps de bâtiment, au fond, qui seront les casemates des sans-avoir. La propriété était bien sotte jadis qui, en son immeuble, n'accueillait qu'une classe : toutes sont confondues en la maison moderne. Il y a, voilà tout, des entrées différentes.

En trois bonds gigantesques, ces bâtisses colossales descendent en profondeur d'une rue à l'autre. Les communs de la maison mitoyenne, à vingt mètres en contre-bas font de même, mais en remontant. Entre de superbes façades en perspective superposées, les unes regardant le midi, rue Caulaincourt, les autres le nord, rue Damrémont ou rue Lamarck, sont des espaces en pente curieusement construits : il y a là, étranglées dans les bas fonds, surplombant des fossés, plongeant sur des talus, des cités échafaudées avec une audace de maître maçon. Blocs d'aspect titanesque et percés d'ouvertures rectilignes, qui ne sont que des solides creux en briques revêtues de plâtre. Ils s'assoient, trapus et brutaux, sur des voûtes et des puits. Des escaliers de fer y mènent, non plus, comme autrefois, scellés étroitement entre les façades et y adhérant, mais libres, à distance. Ils bondissent légers, entre les maisons du bas, et d'étage en étage. Des rampes adoucies, par de brusques lacets, amènent à son logement exigu le chaudronnier qu'excita l'aubaine du premier terme gratuit. Il a deux chambres et une cuisine. C'est l'étendue de son ancienne cahute distribuée par l'économie savante d'un architecte contemporain. Mais que sa cahute était plus logeable, avec, autour, son jardinet cultivé qui disait les saisons, les herbes sans gêne du sol en friche, l'horizon sans limite sur le panorama de Paris, l'air pur et la liberté !

Les derniers retardataires campés sur la Butte. en des huttes que Robinson envierait, savent leur bonheur précaire. Ils s'étaient accoutumés à se croire indélogeables et n'en avaient mis que plus d'entrain à parer de verdures leurs nids gazouillants. Les années endormaient leur quiétude. Tant de fois, sans conclusion, ils avaient vu palabrer, sur le dos de leurs bicoques, des entrepreneurs et des financiers. Ils souriaient, à leurs vieux os promettant la tranquillité dans la retraite que, nomades assagis, ils avaient faite si aimable. Puis ils se savaient protégés : les morts étaient là.

L'ancienne carrière, devenant le cimetière du Nord, fermait de ce côté, à Paris, l'accès de Montmartre. Les tombes exprimaient un *veto* que n'osait enfreindre la piété. Montmartre n'est pas embarrassé de coucher ses défunts. A l'ombre de la vieille église, est un champ d'asile d'une immense paix. La curiosité badaude l'ignore. La porte en est close à qui n'a là quelque sépulture aimée. C'est, dans toute sa poésie mélancolique, la retraite des anciennes familles montmartroises.

Les autres vont rue Saint-Vincent, dans un cimetière vieux d'une soixantaine d'années. Son seuil est invitant, planté d'arbres fruitiers et décoré de la verdure riante de bosquets que le garde entretient. Il dévale, par dix-sept mètres de pente, sous des frondaisons séculaires, jusqu'à la rue Lamarck. Sur la pierre de ses tombes exactement alignées, point de noms qui parlent à la mémoire, si ce n'est celui de Chéret Joseph, frère de Jules, dont une ronde de bacchantes nues, dans le bronze d'un vase décoratif, chante le souple charme du maître modeleur.

L'intéressant artiste se fût trouvé moins isolé dans le cimetière du nord. La vaste nécropole est à la fois parc et musée. Le parc profitant des inégalités du terrain est agréable aux yeux. Il est doté grâce aux métamorphoses chimiques de notre être, d'une végétation opulente et variée.

Le musée, ce sont les tombeaux, où la reconnaissance et le souvenir ont imploré le concours des arts. Il en est de puérils. L'orgueil a encombré ce sol hospitalier à nos cendres de trop d'édifices dont la pompe n'accuse que l'inutile banalité, mais parfois, dans cette ville de morts, une œuvre retient, telle hautaine et sévère, celle de Rude : Godefroy Cavaignac, étendu, rigide, dans les plis du linceul, sur la pierre de son sépulcre.

Image impressionnante qui traduit bien dans son réalisme supérieur, l'instant suprême où, de son doigt glacé, la mort touche le front de l'homme, en prononçant l'arrêt inexorable.

Débonnaires, les morts ont permis qu'on jetât un pont au-dessus d'eux, — un pont en fonte, horriblement criard. L'ombre de cette grosse masse se projette sur une bande de tombes d'où toute floraison vivace est bannie ; et au lieu du beau soleil qu'on a peut-être le droit d'espérer lorsqu'on est couché dans les bras maternels de la terre, ce sont les madriers des hauts fourneaux, des piliers et des poutres qu'on a sous les yeux au-dessus de soi.

Ce cimetière est aussi un Panthéon : on y rencontre la noblesse avec les Ségur et combien d'autres grandes familles? La guerre avec Lannes, l'utopie avec Fourier, le drame avec Dumas, la poésie avec Murger, la peinture avec Delaroche, Greuze, Vernet, la sculpture avec Pigalle, l'art dramatique avec D'Azincourt, la musique avec Halévy, l'amour avec la « Dame aux Camélias ». Et dans un coin, enfouie sous les ronces, une dalle, avec cette date : « 2 décembre 1851 ». Dessous, un cadavre fracassé, dont l'éloquence naissante d'un tribun fit un spectre.

Les morts, écartés comme des gêneurs, le cimetière franchi, par ce pont colossal, c'était Paris, par une nouvelle issue, envahissant Montmartre. C'était la rue Caulaincourt, voie car-rossable, la rue Damrémont, voie luxueuse, et le Chemin des bœufs bourgeoisement habité. C'étaient les Grandes Carrières devenant un formidable chantier où grincerait la scie, où, sur la pierre, retentirait la cadence des marteaux, où clameraient les longs et clairs jurons des charretiers roulant leur rocher de Sisyphe attendu par la grue et le cric, saisi et placé.

C'étaient les remblais soudés, consolidés, creusés de puits de fondations et soutenant, sans broncher, le poids accumulé des pierres de taille. C'était le gagne-petit exproprié, la roulotte repous-sée plus loin, la cahute à terre, les dernières cultures défoncées. Et toute la chair vive de la Butte, si prenante sous les haillons

dont s'était couverte sa nudité grêle, revêtue de la splendeur
décevante des toilettes d'apparat, lesquelles — en la paysanne
parvenue, ne laisseraient plus rien demeurer de l'originalité
puissante de son pittoresque d'autrefois.

La Montmartroise

LA MONTMARTROISE

Les artistes ou les poètes, d'un peu partout venus, se disent
Montmartrois ; ils le sont par élection momentanée. Au vrai, ils
viennent de Toulouse ou de Saint-Flour, et s'ils campent sur la
Butte, c'est qu'elle est un point stratégique pour qui ambitionne
de conquérir Paris. Montmartre est une population d'alluvion.
Il n'y avait là, voilà guère plus d'un siècle, qu'un millier de ter-
riens devenus deux cent quarante mille habitants, chiffre officiel
du xviiiᵉ. On ne saurait faire honneur d'un tel accroissement à
la fécondité des amours montmartroises, trop savantes pour

n'être pas un peu stériles. Des générations sont, toutes faites, accourues de la plaine ou des boulevards. Sous leurs flots étrangers ils engloutissent l'indigène. Des natifs authentiques sont des spécimens précieux. On se montre ceux qui, très rares, de père en fils, furent ondoyés à Saint-Pierre.

Ceux-là descendent en droite ligne, et en gardent la trace, de ces anciens laboureurs ou gens de petits métiers qui vivaient de leurs besoins réciproques, autour des fermes, — à présent étables de vacherie. Si vague qu'elle soit, la caractéristique des Montmartrois de vieille souche apparaît paysanne. Ils ont la physionomie du terrien voisin des cités : sans coquetterie du pittoresque, effacée et neutre. L'air de la grand'ville et le contact des citadins ont altéré en eux la naïveté penaude, la ruse plaisante, le naturel et la bonhomie. Mais si disséminés valent-ils qu'on les compte ? D'ailleurs à quel signe ethnographique les reconnaître ? A quel état ? Ils ont été carriers, vignerons, ou fermiers : ils sont gens d'affaires. Ils gîtent en des maisonnettes mi-séculaires ou plus, ils y vivotent médiocres et satisfaits. A leur philosophie, il suffit de peu pour s'égayer : le jeu de boules dans un dernier bosquet; le « siam » chez la mère Lamotte, les samedis. Ils n'ont à peu près pas d'histoire, et si Montmartre en a une, ils n'y sont pour rien.

La vie intense sur cette butte, à présent comme jadis, émane d'ailleurs. Des fanatiques, des exaltés, des incompris, des croyants. des artistes à longs cheveux, des capucins à grande barbe, sont accourus, grimpant au faîte par des voies parallèles qui tendront, éternelles, au même but, sans se jamais rencontrer. Ils sont l'essence intellectuelle de Montmartre et à sa population bigarrée ils donnent cette originalité unique en son espèce.

Et pourtant, aux seules ressources de son terroir, Montmartre doit quelque chose : les Montmartroises. Ce sont de jolis brins

de filles. Leur galbe n'est pas froidement classique ; leur beauté
n'est point que sottement beauté. Leurs petites personnes n'ont rien
à démêler avec l'esthétique de Phidias. Elles n'ont jamais songé
à disputer la palme aux Vénus d'Arles ou de Milo. Elles courent
d'autres prix, appellent d'autres hommages et telles sont con-
scientes de leur immortalité, car l'art moderne s'inspire d'elles,
qui rêve sur leur passage, et devant les chevalets, pour déclamer
l'hymne éternel du nu, les invite à se dévêtir.

Elles habitent Montmartre, mais travaillent dans Paris, modistes, plumassières, fleuristes, demoiselles de magasins. Elles
quittent, dès patron-minette, la Butte, encore chiffonnées d'un
somme insuffisant, la lecture de quelque roman très sentimental
ayant prolongé leur veillée. Elles vont en hâte, par les voies
larges qu'elles préfèrent, pour le monde qu'on y voit et qui
vous voit ; trottant menu, à la main le panier ou le petit sac, en
lequel se mêlent les ciseaux, le mouchoir, la fiole d'eau rougie,
le miroir de poche, deux sous de fromage, une livraison illustrée
et un artichaut. Elles se sont habillées si vite, toujours en retard,
que leur toilette s'achève dehors. Les doigts, à petits coups,
creusent le corsage, distribuent les plis bénévoles, tapotent, tout
en marchant, la jupe, égalisent les sobres dessous qui l'étoffent,
la soulèvent d'un geste étudié, si surtout la bottine est présen-
table — pour ce qu'elles savent qu'une cheville bien tournée, dans
un bas noir, donne aux messieurs qui vous suivent des distractions. Les glaces des boutiques sont leurs psychés. Elles s'y
entrevoient d'un regard furtif, ou complaisamment s'y arrêtent
pour rajuster la coiffure et donner au chapeau un mouvement
avantageux. Cette toilette matinale, se parachevant dans la foule,
au vol, emprunte au charme de l'oiseau qui, de branche en
branche, lisse ses plumes, sautillant.

Elles vont rue de la Paix ou rue du Caire, au Temple ou au
Marais. Elles sont en ville, dès le boulevard extérieur franchi.

Par les propos qu'on leur murmure, les regards qui, vers leur
jeunesse coulissent,
elles savent n'y point
passer indifférentes.
Plaire étant leur
constant souci —
plaire pour le plaisir
de plaire, — elles
apprécient l'hom—
mage jusque dans
l'impertinence du
désir. Elles enten-
dent la galanterie
d'une oreille qui sait
que ce n'est point
par là que les en-
fants se font, sagaces
quant aux nuances
de l'équivoque. Si la
gaillardise outre le propos, plus curieuses que fâchées : « Oh ! ma
chère, si tu savais ce que le vieux m'a dit ! » Ne souffletant
jamais que d'un revers de leur gaieté la grivoiserie qui, en
paroles, les trousse. La riposte est si aiguë et si prompte que le
plus aguerri des suiveurs en sent quelquefois la blessure. On est
de Montmartre et l'on se découvre, pour l'attaque, un vocabu-
laire que l'école de la rue et de l'atelier a enrichi de la verdeur
caustique d'un argot faubourien.

Par la route qui les voit descendre elles remontent, plus
lasses, la tâche assujettissante achevée, rapprochées pour les confidences. Chacune a son roman, vécu au jour le jour, dont
elle dit les péripéties parfois comiques, tristes aussi parfois ;
l'amourette et ses conséquences ; les rendez-vous, les sous-bois des

dimanches d'été, les robes fripées dans les chemins creux, les

brouilles, les lâchages, les raccommodements, les craintes de
maternité dissipées au prix de complaisances dont la pâleur
du lendemain dit le secret.

L'ascension est rude de la rue Lepic ou de l'avenue de Saint-
Ouen, quand on a dix heures de machine « dans les jambes »,
les reins brisés d'être restée debout derrière un comptoir, ou
assise à faire des boutonnières. La perspective de la rentrée
n'est point pour faire hâter la marche. On sera toujours assez
tôt à la maison. Le refrain de la gêne y sévit monotone et sans

fin. Il fait sombre en la chambre et dans les cœurs. Dehors, du moins, l'été, c'est, à sept heures, la clarté mourante et douce, le bruit enfiévré et le vertige des vies environnantes emportant dans leur tourbillon l'ennui qu'on a en soi. C'est l'heure où le crayon de Steinlen saisit, tendre, vigoureux et sûr, la grâce inquiète des mélancolies qui aspirent à la guérison. L'amour a coutume, vers ce temps, d'offrir ses bons offices. Il en use selon l'état et la condition. A la petite blanchisseuse de Saint-Ouen, triviale et délurée, un peu souillon, sans linge, ni corset, et dont jamais chapeau n'emprisonne la folle broussaille des cheveux, il murmure que le Moulin de la Galette n'exhibe point pour des prunes ses ailes tout là-haut. A l'ouvrière d'atelier plus ambitieuse, dont la propreté physique est en raison de sa netteté morale, méphistophélique, il désigne les soupirants qui ont le secret des éphémères consolations : les petites moustaches des commis dont les pointes chatouillent à propos, pour creuser, dans les joues, le rire des fossettes. Il insiste sur les bonnes façons gantées de frais des messieurs oisifs qui se décarêment des affaires dans la politique de l'amour et qui vont, s'ils sont tant soit peu épris, jusqu'au mobilier en pitchpin. Sont-elles curieuses des perversités dont leur esprit s'illustra à la lecture des histoires sentimentales? que l'amour leur délègue les Don Juan à la petite semaine, les suiveurs qui savent, par une pratique déjà ancienne, qu'il n'est assiduité qui ne trouve sa récompense. C'est un enveloppement d'hommages, un réseau d'intrigues, un cantique ardent. Elles n'accordent pas quelque chose à tous, du moins, ne semblent-elles à aucun refuser l'espérance.

La vachalcade de 1897, en couronnant pour muse une de ces filles de Montmartre, stipula qu'elle serait ouvrière, n'aurait pas vingt ans et devrait « encore habiter dans sa famille ». *Encore !* C'était sous-entendre qu'elle n'y habiterait évidemment pas tou-

jours, que cette fidélité au logis a une fin qui n'est point essentiellement l'hyménée. L'aventure est dans l'ordre logique de ces
destins. On oubliera, un soir, le chemin de la maison — et sans
oublier — retenez ceci — le chemin de l'atelier.

C'est pour étonner qui les connaît mal, ces fillettes, que ce
goût de la tâche quotidienne résistant aux attraits du plaisir,
aux péripéties des aventures. On se les figurerait, une fois
l'amant trouvé, paresseuses comme des chattes, s'étirant dans
l'oisiveté d'une vie moins précaire. Une belle inoccupée n'a-t-elle

pas sa journée pleine de multiples obligations? Les Parisiennes
jolies ont quelque chose de plus que ce qu'elles ont en réalité :
c'est, avec la beauté, l'art d'être belles. Art exigeant. Des femmes
y dépensent toute leur vie qui n'ont pu être, tant ce souci les
absorbe, ni spirituelles, ni créatrices, ni même amoureuses. Elles
ne furent qu'occupées d'un charme qui nous eût, non davan‑
tage ébloui, mais plus sûrement captivé, si sa culture n'eût été
si exclusive.

Ce travers ne se rencontre que rarement chez l'ouvrière. Ce
n'est point dans ses rangs que les courtisanes se recrutent, ni
même les filles entretenues; tout au plus quelques modistes, par
l'inclinaison naturelle des élégances, glissent‑elles à la galanterie
qui se blasonne au d'Hozier du demi‑monde. La Montmartroise
élevée, grandie dans le travail, en a le goût et lui demeure
attachée. Elle ne sait point dépenser, en prodigue futile, le trésor
des heures. Elle s'ennuie en la solitude dorée. L'atmosphère de
l'atelier manque à son salon ; elle a la nostalgie de son bruisse‑
ment de ruche, de sa verve primesautière. Elle fait estime, en
sa condition, d'une toilette qu'on lui jalouse, d'un intérieur dont
le chic flatte sa vanité; mais elle ne sait être maîtresse de mai‑
son ; restée active, inhabile à commander, agacée d'avoir à se
faire servir et gauche de n'être plus sa propre servante. Dans
l'appareil d'un luxe relatif. condamnée à l'inaction, elle fait, sur
le passé, des retours mélancoliques et regrette le pain dur où
mordait à si belles dents sa gaieté. Il lui manque l'occupation
et la tâche qui chante entre les doigts diligents, l'apaisement,
dans une dépense machinale, des forces laborieuses que l'ata‑
visme accumula en elle. Ouvrière, fille d'ouvriers, restée ouvrière,
elle revient au travail, même en sa fortune passagère, en dépit
de l'amant qui achète sa paresse. Jusque dans la chute ou l'er‑
reur, cette fidélité à l'atelier la garde de la déchéance des filles
de joie. Elle n'est point la vassale d'un maître : elle s'appartient.

Si la fantaisie qui lui fit quitter le nid maternel la jetait hors du meublé de l'amant, elle ne serait pas longue à délibérer. Elle retournerait à la vie que le gain assure, à son cinquième sans feu, à sa pitance chétive, à ses robes de quatre sous. Elle n'est attachée à l'amoureux que par les liens légers du caprice, non par les chaînes d'or des libéralités. S'il lui plaît de dépenser, avec ce qu'elle nomme « un béguin », les rentes de son cœur, voulez-vous qu'elle s'en prive ? Cocote, point ; oui, grisette.

Comment tout cela finit-il ? Bien, mal, on ne sait. D'abord, c'est selon. Parfois viennent des enfants qu'on n'appelait point. Ils s'élèveront, vaille que vaille. L'atelier, dans les moments de dèche, pourvoira aux mois de nourrice et les futurs amours n'en sentiront pas le poids. La Parisienne tient une telle comptabilité de sa progéniture, que les successeurs du père oublieux, n'en redoutent ni embarras ni complication. Bonne mère et maîtresse sans tricherie, elle répartit la charge à chacun selon ses œuvres.

La beauté et la jeunesse sont une fortune dont on mange le capital avec les intérêts. La conscience en vient assez vite à ces belles filles pour les décider tout de même à se fixer en légitimes noces. Le mariage est une aventure qui ressemble aux autres, avec le maire en plus. On devient une petite femme toute simplette, en laquelle un soupçon de la Musette d'autrefois survit.

Telles pentes sont plus douces sur la Butte qui, sans accroc à la robe virginale, aboutissent à la mairie, tout droit. C'est la réalisation du rêve qu'elles font toutes à quinze ans. Lorsque, avisées par le stationnement des voitures de gala, on soupçonnait une mariée, on risquait l'attrapage à la maison pour l'attendre et la voir sortir. Être ainsi la vestale toute blanche qu'une caresse emporterait, pour qui s'allumeraient les cierges des autels et les feux du Rocher Suisse, d'où, entre deux polkas, on s'envolerait vers le nid !...

Ce nid des sans dot, c'est déjà une manière de petit chez soi cossu. Les croisées ont des doubles rideaux tirés sur les ébats brûlants du prélude, des sièges neufs, l'armoire à glace est calée par un peu de linge. La cheminée est ornée de sa garniture en

simili dont une pendule qui ne sonne encore que l'heure du berger, — garantie deux ans. Le sommier guindé ferme soutient la défensive du premier assaut. Et les draps ont la caresse rude, un peu bourrue, du lin neuf : on ne leur donne pas trois nuits pour s'assouplir.

C'est le petit ménage montmartrois, si accompli que l'on ne

voit pas ce qu'on y pourrait apporter de plus. Ce
qui manque se découvrira
par la suite ; les fêtes et
les anniversaires y pourvoiront. Construit brindille à brindille, mais en
un jour, le nid s'est édifié
dans le fantastique palais
voisin : Louvre de la vente
à crédit, orné par Dalou,
par Clairin, par Falguière, par Mercié, par
Luc-Olivier Merson.
Son dôme rutile au soleil,
chargé d'émaux, avivé de
cabochons, promenant,
sur le monstrueux entassement des maisons, la
traînée en queue de comète de son phare. Car
les budgets modestes
« sont à Crépin ». Ce
Crépin aîné, de Vidouville (Manche), commença
par auner des rubans
aux Batignolles. La connaissance des convoitises
irréalisables lui suggéra
le projet de favoriser, à la

petite semaine, l'ambition du luxe naïf des petits ménages.

... Petits ménages, petites ménagères. Dans cette ville de Montmartre, qui est un grand village, elles descendront, les joyeuses commères aux sempiternels devis, jacassant sur les trottoirs des rues que leur pente protège contre l'invasion des allants et venants. Elles travailleront à la croisée, les jeunes, comme des paysannes, curieuses du profil des passants. Leur curiosité d'autant plus tenace qu'elle n'aura à se répandre que sur moins d'objets.

Le matin, au marché Saint-Pierre, elles se révéleront plus qu'économes : économistes. Elles discuteront le bien fondé des impôts, frondeuses des taxes, dénonciatrices des privilèges et monopoles. Profondes calculatrices : « Un sou est un sou » ; sagaces philosophes : « Ce qu'on économise est le premier gagné » ; sévères observatrices de la morale : « Tous ces marchands sont des filous » ; philologues jusqu'au purisme : « Ces femmes ont des façons de parler, ma chère ! Non ! mais d'où qué sortent ? »

Le marché est pour ces petites maîtresses de maison, le palabre sur la place, dans les villes noires, le rendez-vous où l'on prend langue, le grand conseil des mères de France, le forum des revendications ménagères, terrain neutre essentiellement. L'austère y croise l'affranchie. Un même aperçu sur la cherté des vivres jette entre ces extrêmes un pont. L'épouse qui ne voudrait pas avoir ça à se reprocher, y lie conversation avec une demoiselle du Moulin. Au marché, c'est comme à la plage : ça n'engage à rien ; car ces demoiselles du Moulin sont, avant le coiffeur, des personnes presque naturelles. La Goulue, en cheveux, sans camisole et sans corset, un moutard se traînant à ses jupes, un panier au bras, s'approvisionne le plus simplement du monde. Sur les prix, qui ont avec sa jambe ce rapport, qu'ils tendent à toujours s'élever, elle a les opinions de la plus vertueuse des femmes ; mais peut-être les exprime-t-elle autrement, si verte en son langage et en ses façons débraillées. Nini-Patte-en-l'air, comme Grille-d'Égout, coudoient dans ce fourmillement les mères de famille, et l'œil le plus exercé aurait peine à distinguer les unes des autres. L'après-midi, la confusion des langues est plus sensible et la dispersion commence. On se classe, chacune allant à ses propres affaires et, par là, se catégorisant.

S'il fait beau et que ce soit l'été, comme une poule ses poussins, la Montmartroise emmène ses petits rue Saint-Vincent, rue des Saules. Elle s'adosse au mur, à l'ombre, reprise ses bas et sur-veille les jeux des bambins, — jeux qu'au square Saint-Pierre volontiers elle partage. Si près encore de sa jeunesse, elle est comme leur sœur. Il faisait allusion à ces jeunes mères char-mantes, le mari qui nommait sa femme : « l'aînée des enfants ».

Les revendications de leur sexe, si bruyantes en cette fin de siècle, ne les ont pas émues. Le féminisme, parmi elles, n'a recruté que peu de militantes. Si les tables de la loi féministe doi-vent s'écrire sur quelque Sinaï, Montmartre n'apparaît point dési-gné. Il aura eu, cependant, l'orgueil d'abriter le premier cercle féminin : le *Ladies-Club*. En la rue Duperré, au 14, dans un petit hôtel, une dame de Marsy a convié les inoccupées, les ennuyées, les dolentes oisives, les désabusées de la vie. Des célibataires impénitentes, âmes vagues ou blessées, incomprises pour le moins, ont repris l'œuvre de sainte Radegonde, dans un hôtel par leurs soins meublé. Deux étages, table d'hôte, cui-sine de choix, salons de lecture, salle de bains, cabinets de toilette, journaux de modes et nul tapis vert. Point de clôture, une règle indulgente, le culte des muses, — et Fortunatus avec des amis, deux ou trois fois l'an.

Les membres de ce « Ladies-Club », que l'on pourrait appeler « le wagon des dames seules », sont à Montmartre — non de Montmartre. La Montmartroise n'a pas de ces accès de misanthropie qui firent, à quelques dames aux rubans verts, imaginer un endroit écarté. Ménagère ou grisette, il n'est mé-prises ou trahisons qui la fassent renoncer au commerce des hommes — en tout honneur, s'entend. Et, si même vous le voulez entendre, sans honneur, les habituelles péripatéticiennes des ombres du boulevard Clichy — ces ex-jeunes premières du moulin de la Galette — viendront, à propos, témoigner, qu'en dépit des avis du temps qui les outrage, l'idée de renoncer à ce commerce est la dernière qui puisse les hanter.

Montmartre politique

MONTMARTRE POLITIQUE

Le Montmartrois se tenait à l'écart des séditions. La fièvre
de la ville s'éteignait dans la sérénité de ses campagnes. L'agitation, suivie de loin comme un spectacle, lui semblait vaine ;
au fond, serf de l'abbaye et rien de plus. Sa vraie patrie se limi-
tait à son enclos. Barginet, journaliste grenoblois, qui, vers
1830, viendra habiter Montmartre, dans ses voisins retrouvera
trace de ce caractère. « Les paysans du vieux Montmartre, dira-
t-il, ne sont pas gens à chanter des couplets en faveur de qui

que ce soit. Ils ont conservé quelque chose du moyen âge : c'est
la ténacité de l'Église pour ses immunités et privilèges. Il y a
encore en eux du bedeau et du manant. Ils prétendent avec
fierté que le véritable Montmartre est là où se trouve l'église. »

Ce qu'on prête d'agressif à leur tempérament n'est que le
résultat d'une méprise. Montmartre, dominateur, se dressant
comme une citadelle énigmatique, dans les moments de trouble,
inquiétait. On se tournait vers cette éminence, forteresse naturelle ; on l'interrogeait, anxieux. Et c'était la peur qui dictait
une réponse aux esprits affolés.

Le 14 juillet 1789, une population d'affamés était occupée
par Necker à défricher la forêt de Montmartre. L'agitation, née
à la Bastille, gagna ces travailleurs ; ils devinrent turbulents.
Leur tapage fit lever le nez aux Parisiens. Le chevalier Quesnay
de Beaurepaire monta là-haut et redescendit apeuré : on n'aurait
de tranquillité, dit-il, que Montmartre réduit en poudre. Cette
terreur, un instant partagée, s'acheva dans un éclat de rire.

L'étranger au pays frémissait à la nouvelle des événements.
Le natif de Montmartre y assistait avec indifférence. Il subissait
le fait accompli, il ne le provoquait pas. C'est une justice à lui
rendre, cependant, que son civisme lui dicta un peu plus tard de
beaux traits. L'histoire de ses frivoles moulins a sa page héroïque
écrite avec le sang de ses meuniers. Et le boulet, longtemps encas-
tré dans un comptoir du père La Thuile, suffirait à évoquer, si
n'y invitait point, le monument que Doublemard, place Blanche,
éleva à Moncey, la vaillante résistance de la barrière Clichy.

Dans une correspondance, récemment mise à jour, on a décou-
verte une lettre que Napoléon, le 13 novembre 1808, adressait de
Burgos au prince Cambacérès, archichancelier de l'empire. Il
lui ordonnait de faire édifier, où se trouve à présent le Sacré-
Cœur, un monument à la gloire du Corps législatif impérial.
« Vous pourriez insinuer l'idée, lui mandait-il, que le Corps légis-

latif décrétât un monument sur les hauteurs de Mars (Montmartre) dans lequel serait conservée la mémoire de cette preuve d'estime que je donne au Corps législatif. »

« Sire, l'avenir n'est à personne », a dit le poète. Sur les hauteurs du mont où Napoléon songeait à dresser l'édifice attestant la solidité de ses institutions, blessée à mort, l'aigle impériale, six ans plus tard, s'abattait.

C'est pour longtemps fini des épopées. Le Montmartrois retourne à ses champs et à ses carrières.

Il assiste aux événements, accoudé à son belvédère. D'esprit casanier, il attend qu'on vienne à lui, il ne va à quiconque. Son rôle est aussi effacé en 1830 qu'en 1848. La campagne des banquets fait quelque bruit au Château-Rouge, il y est étranger. Mais en juin 1848, comme en juillet 1789, le parti de l'ordre, par les yeux d'Hippolyte Castille, scrute cette montagne et s'imagine la voir couronnée de flammes volcaniques. Il suffit, croit-il, de frapper ce sol crayeux pour faire sortir de ses entrailles « une cohorte de mineurs et de chaufourniers ».

C'est l'exagération de la peur. Le rappel, battu dans les journées de juin, rassemblera deux ou trois cents insurgés dont l'exploit le plus séditieux consistera à réduire à l'immobilité le vieux télégraphe. Puis, descendus à la barrière, crénelant le mur d'enceinte, Montmartrois extra et Montmartrois intra videront, en quelques coups de fusil, une querelle d'ancienne date.

Et tout rentrera dans un calme qui durera jusqu'au coup de foudre de 1870, amenant, par le chemin qu'ils suivaient déjà en 1814 et en 1815, les soldats des nouveaux Blucher. On se rappelle la première invasion, la résistance des meuniers, l'héroïsme des Debray, on se jure de n'être pas moins qu'eux vaillants. Les moulins sont toujours là qui virent les canonniers hachés sur leurs canons ; le Château Rouge qui servit d'état-major au roi Joseph n'a point changé et se prêtera à une destination

identique. La Butte est position stratégique, ou du moins s'en
flatte. Elle demande à être mise en état de défense.

Des pièces sont montées sur le plateau, et, comme autrefois,
adossées aux moulins. La Tour de Solférino — établissement
culinaire — gêne les opérations, elle est abattue. Les arbres du
vieux chemin, rue Ravignan, sont arrachés pour donner un
plus libre accès au coteau. Le bal de l'Élysée devient une ambu-
lance. Le poste de la garde nationale s'installe au 6 de la rue
des Rosiers.

C'est la vie du siège. Tout défaut, hors le vin. Les guinguettes largement pourvues ont conservé leur animation d'antan
mais relevée d'une pointe belliqueuse. Des guerriers improvi-
sés, choquent le verre ; et, du doigt trempé dans la lie, tracent
sur les tables, les plans sauveurs de la grande sortie. L'horizon

laisse lire dans les teintes délicates des coteaux environnants le
cercle envahisseur. Tout Paris accourt à Montmartre qui, à

cet afflux de curiosité
gagne un air de ker-
messe. Il ne lui man-
que que ses ânes légen-
daires, les ânes des
joyeuses chevauchées,
mais leur chair succu-
lente a tenté les gour-
mets pris de court.

Paris voit de ces hau-
teurs le tragique pano-
rama où la destinée de
la France se joue. L'œil

collé aux lunettes que louent des industriels il fouille les masses sombres au-dessus desquelles, par les claires après-midi, des panaches blancs et légers flottent.

On a des attentions respectueuses pour les canons. Ce sont les marins qui les servent. Dans l'une des batteries, est assise une pièce énorme qui fait plus parler d'elle qu'elle ne parle. On l'a nommée *Joséphine*. L'espoir à fond perdu si prodigue attend de *Joséphine* des coups de gueule qui rabattront un peu de la jactance des envahisseurs. Elle trahit ces désirs. Elle n'a que quelques rares éclats de voix de nul effet. Tapie dans l'ombre du moulin de la Galette, elle regarde au delà des bastions. Sur le versant méridional, à l'endroit où le Sacré-Cœur est édifié, d'autres canons sont alignés qui, de tout le siège, ne sortiront pas d'avantage de leur mutisme.

L'armistice est conclu, la paix paraît certaine. On amène de différents côtés, les joignant à celles inutilisées de la Butte, les pièces que le patriotisme, sou à sou, offrit à la défense. La fonderie de l'avenue Trudaine dans ce parc hospitalise ses « laissés pour compte », les ratés des inventeurs, les rêves fous des Archimède de l'angoisse. Un assemblage plus hétéroclite ne saurait se concevoir : canons informes, machines prétendues infernales, engins en toc et en simili : tout le musée des horreurs de l'artillerie du désespoir. Rien n'est moins redoutable que les foudres naïves assemblées sur ce sommet. Et ce sont elles pourtant qui vont lancer le tonnerre !

Comme à la prise de la Bastille, comme en juin, après Quesnay de Beaurepaire, comme après Hippolyte Castille : M. Eugène Loudun, le 11 mars 1871 égare ses pas à Montmartre, et racontant ce qu'il a vu, il fait frémir.

La peur de Montmartre se manifeste pour la troisième fois depuis un siècle. Elle aura, cette troisième fois, une conséquence tragique : la Révolution.

D'acteurs du 18 mars, Montmartre n'en fournit à peu près plus, mais il reste encore des témoins. L'un d'eux veut bien être notre guide qui, des événements, a gardé une nette et sûre impression.

« — Tenez, nous dit-il à peu près en face, cette rue Pierre-Picard, un « trente-sous » était de faction, lorsque le 18 mars à l'aube, il vit déboucher un peloton de gendarmes. Il cria qui vive ? n'eut point de réponse, tira : les gendarmes ripostèrent. Le poste sortit.

» — Les gendarmes par cette rue, montèrent droit au parc d'artillerie, si mal gardé que, sans autre combat, ils le prirent. Les troupes de ligne prudemment rejoignirent la victorieuse avant-garde. On n'avait pas compté sur une action si prompte, et les attelages, pour emporter les cent soixante-onze pièces, ne devaient suivre que de trois heures en retard les assaillants. Je vis descendre les premières ; les femmes se jetaient dessus, interpellant les soldats qui souriaient. C'était déjà le désarroi. Ce sera tout à l'heure la défection. »

La garde nationale de Montmartre n'a pas réuni trois cents hommes. Et la Butte est envahie. Paris monte. Le général Lecomte, isolé de ses troupes fondues dans la foule, n'est encadré que de quelques chasseurs. Il donne des ordres à voix basse dont on devine l'esprit. Mais tant de belle humeur et de jovialité anime cette populace, par sa victoire ravie, qu'il croit possible de la haranguer sans danger. Il s'écarte de ses protecteurs. s'avance vers elle et, prisonnier de ses flots, s'apprête à lui parler. « C'est Vinoy ! » crie-t-on. « C'est Trochu ! » Un tourbillon l'enveloppe, le renverse, le piétine. On l'entraîne. Après un trajet rapide et heurté, le cortège s'engouffre au Château-Rouge qui, n'étant pas un asile assez sûr, évacue ses prisonniers sur la rue des Rosiers.

Le Château-Rouge a disparu. La rue des Rosiers existe

encore. C'est la rue de la Barre. Le 36 actuel de cette rue de la Barre, en face la porte d'entrée des chantiers du Sacré-Cœur, est l'ancien 6 de la rue des Rosiers.

Des constructions de cette époque, il ne reste plus que le mur tragique. La maison a disparu en partie pour faire place à la cantine des pèlerins. Elle appartenait à la veuve de ce Scribe qui ne combina jamais à la scène drame plus poignant que celui qui se joua dans sa propre maison. Elle se composait d'un avant-corps de logis flanqué de deux ailes en retour. Un corridor divisait le rez-de-chaussée en deux pavillons. Les prisonniers furent conduits dans l'une des pièces de celui de gauche, sommairement meublée d'une table et d'un banc de bois. Par une fenêtre unique et peu élevée

ils apercevaient la cour emplie d'une foule agitée. Un décoré
de Juillet, patriarche à barbe blanche, adressa aux prisonniers
une harangue qu'une poussée du dehors, faisant céder la porte,
interrompit. Un nouvel otage, un vieillard, roulé par un torrent
furieux, surgit dans la salle lugubre où un fantôme d'autorité
achève de s'évanouir. C'est Clément Thomas, hautain et dédaigneux, provoquant la mort : « J'ai été exilé, dit-il, j'ai souffert,
et aujourd'hui que tout s'écroule, je mourrai sans regret. »

Eh bien, qu'il meure! Non, il ne mourra pas. Un jeune officier de la garde nationale lui fait, de son courage, un rempart.
Des paroles sont échangées, âpres et violentes ; des menaces se
croisent comme des épées. Et c'est, soudain, dans ce tumulte, de
brefs silences : la conscience qui s'écoute et délibère. Du
dehors, les clameurs montent, farouches ; des faces de haine
se groupent aux croisées ; des poings se tendent au-dessus des
têtes. Juger! Qui jugerait? Et qui voudrait croire en la justice?
Il n'y a qu'expiation, aveuglement et vengeance. Puisque ce
grand courroux ne s'apaisera qu'après un holocauste, c'est aux
généraux à s'offrir les premiers ; Clément Thomas d'abord,
comme le plus vieux. Il sort du pavillon, par un corridor qui
aboutit dans un jardin. A gauche, il y a un mur mitoyen,
assez bas, veiné d'une vigne en espalier. Il s'y campe, les bras
croisés, le regard hardi. Lecomte se place à son côté. « Pas de
salves », disent les exécuteurs, des soldats. Clément Thomas
tombe ; Lecomte, sur son cadavre, s'abat.

Il est quatre heures et demie.

« Dans le même moment, à la Flèche, m'a raconté M. Joseph
Denais, je rencontrai Mme Lecomte, des fleurs dans les mains,
souriante : « Où allez-vous, lui dis-je, ainsi fleurie? » « C'est
» la fête de mon mari, me répondit-elle, je vais à l'autel porter
» ce bouquet. » L'étrange coïncidence que les fleurs de l'épouse
se croisant, sur l'être cher, avec les balles de l'émeute ! La

coïncidence se parachève plus singulière encore. A l'endroit où il tomba, le jour de la célébration de sa fête, c'est-à-dire la veille de la Saint-Joseph, un abri de pèlerins s'est élevé qui a pris, à l'insu de ce souvenir, saint Joseph pour patron !

C'est là qu'il vous faut voir le mur : tout ce qui reste de la maison où la tragédie, préface de l'insurrection communaliste se joua. Entrez dans l'abri par la porte cochère, laissez à droite le hangar où les pèlerins se restaurent, l'été. Appuyez à gauche, en longeant les dortoirs. Au bout, parvenu aux chalets intimes, remarquez un mur de clôture peu élevé, mitoyen d'un jardin et lavé par la pluie ; les constructions nouvelles le privent de soleil, il est noirci et ruiné. Dégradé, il s'effrite. Les trous qu'on y voit sont-ils pas ceux des balles ?

Cette journée est la plus marquante au calendrier du Montmartre contemporain. Elle dépasse la portée d'un incident local. Elle est un point de repère dans l'histoire du monde.

Lorsque les exilés du 18 mars revinrent, ils trouvèrent Montmartre visant à la gloire de Lourdes. Un acte de catholique

réparation était entre eux et leur œuvre, accomplie. L'eau lustrale lavait les deux taches de sang de la rue des Rosiers. Des moines et des ecclésiastiques déambulaient sur la butte que les poètes, non sans raison, dénomment la Butte sacrée. Ces revenants de l'exil concertèrent le projet d'édifier pierre contre pierre, temple contre temple, et de faire surgir, proche la basilique, leur maison qu'ils diraient celle du peuple.

L'idée en naquit dans le groupe socialiste les *Huit heures* qui s'inspirait, en cette circonstance, du *Vooruit* de Gand. Le plan était ingénieux. La sécheresse et le dogmatisme en étaient bannis.

On fonderait un cercle comme en ont les bourgeois. On y boirait, on y ferait de la gymnastique, on y chanterait, on y danserait, on y jouerait la comédie. Les bavards, longs et diffus seraient priés de se taire, et le socialisme ne serait invité à la prédication que sous les dehors charmeurs de la poésie. A la propagande par le fait s'opposait la propagande par le plaisir.

L'esprit de solidarité vainquit les difficultés immédiates. La maison fut construite comme une ruche ; chacun, selon ses aptitudes, s'y employa. Les matériaux furent acquis grâce à une émission de parts à cinquante francs. C'était un moyen de capitalistes : mais on ne trouva pas mieux.

On put alors contempler un spectacle pittoresque, rappelant le Champ-de-Mars à l'époque de la Fédération. Dans un chantier, 4, impasse Pers, le dimanche, arrivaient des hommes et des femmes qui ôtaient, ceux-ci leurs redingotes, celles-là leurs chapeaux. On leur apportait des pelles et des pioches qu'ils manœuvraient avec une ardeur joyeuse. De temps en temps, des messieurs qui, eux ne quittaient point leurs beaux habits, les venaient voir ; ils les encourageaient de vibrantes paroles : « Achevez cette maison du peuple, leur disait l'un d'eux, elle sera l'école de la distribution des vivres le jour où sera faite la révolution. »

La rapidité de l'exécution tint du prodige. Un hall de huit mètres de hauteur, de vingt-cinq mètres de longueur, de quinze mètres de largeur, surgit du sol en quelques jours. Inachevé et sans décor, froid comme une chambre de pauvre, frustre comme un hangar d'usine, un samedi de septembre il fut inauguré.

Il est ouvert aux conférences. Mais ce n'est qu'après les conférenciers que la fête commence ; la rumeur flatteuse qui accueille leur péroraison s'adresse à leurs idées : elle dit peut-être aussi la satisfaction qu'on éprouve à penser qu'ils ont fini. On est venu pour les violons. Ils font danser citoyens et citoyennes, et, entre deux polkas, c'est une frénésie quand la *Carmagnole* noue les doigts pour une ronde dont la menace s'égaie de petits rires chatouillés.

La Maison du Peuple inspira une concurrence, rue Hermel : « la Maison du Peuple français ». Cette nuance est de l'abbé Garnier. L'abbé est un de ces prêtres militants qui vont par les rues, la soutane troussée et la main appuyée sur le Christ comme sur une crosse. Polémiste batailleur, son patriotisme chrétien est teinté d'un socialisme dont on retrouverait l'esprit aux âges héroïques de la primitive église. Il s'est établi aux avant-postes, à Montmartre. Il y a sa maison ; c'est une manière de club. La religion s'y peint, agressive, débarrassée des abstractions des docteurs, restreinte au credo des catéchumènes les moins subtils. L'abbé Garnier l'enseigne dans des réunions dominicales, à une jeunesse frémissante qui pousse l'apostolat jusqu'à braver, à la voix de son pasteur, le martyre du « violon » ou les seize francs d'amende des poursuites pour tapage sur la voie publique.

Dans l'une de ces deux maisons, on vaque aux cérémonies du culte. N'allez pas croire que c'est chez l'abbé Garnier. Ce sont les socialistes qui s'amusent aux parodies. Les murs de la Maison du Peuple assistent à ces farces les Vendredis Saints gras, où la communion se donne sous les espèces du saucisson. Tels jours, et non sans sérieux, on y procède à des baptêmes civiques, en vers.

Le terroir influence nos rêves. Le socialiste ne saurait, à Montmartre, se défendre d'une certaine religiosité. Ce sol, sur lequel, depuis les temps lointains du paganisme, tant de religions ont poussé leurs racines, en toute foi qu'il féconde, transmet sa sève mystique. Les poltrons qui, à trois reprises, dans cette éminence, crurent distinguer le cratère couronné de flammes ! On n'y trouva jamais que l'autel de tous les cultes, le trépied de tous les prophètes, le Sinaï de tous les espoirs. Un seul jour, la révolution y gronda. Ce ne fut que parce que le destin préméditait de réédifier sur la Butte le nouveau Lourdes, dont l'heure était sonnée. Les premières pierres des abris mystiques, qu'ils soient temples ou maisons du peuple, ne se scellent qu'avec du sang. Le Sacré-Cœur attendait, pour surgir du flanc de la montagne des martyrs, que le drame de la rue des Rosiers fût accompli.

Le Sacré-Cœur

# LE SACRÉ-CŒUR

Nos frontières sont violées. Sous le poids des bataillons ennemis victorieux, le sol humilié gémit. Un souffle d'ardent patriotisme invite à un suprême effort. La patrie en danger, frémissante, est debout, armée. Elle a les yeux tournés vers Paris cerclé de fer, que la famine décime plus que les obus, et qui n'a de volonté que de vaincre. Les âmes sont troublées par l'étendue et la soudaineté de la catastrophe. Les plus pieuses y voient un châtiment.

Un homme d'une ferveur profonde, un associé de saint Vincent de Paul, Parisien exilé à Poitiers, M. Legentil, s'en ouvre à son beau-frère, M. Rohaut de Fleury. Il voit dans ces calamités

le signe évident du divin courroux. Il est là, impuissant, inactif.
Que ne peut-il se dévouer à quelque tâche sainte ? Que n'est-il
l'instrument choisi qui dira aux hommes les voies et les moyens
du salut ? Aux heures désespérées, tout recours à ses yeux est
inefficace qui n'est point la prière. En ce grand désarroi, que fit
Clovis ? Il se jeta à genoux devant le Dieu de Clotilde et pro-
nonça un vœu. Lyon a fait de même : s'il n'est point visité des
barbares, sur son coteau mystique, il édifiera un temple à la
gloire de la Mère de Dieu. Paris court un pire danger.
L'ennemi est à ses portes. Contre lui, que fait-il ? Il s'arme et
fond des canons, élève des remparts. Songe-t-il à prier ?
Donne-t-il des gages au Seigneur, dont la droite si lourde
s'appesantit sur lui ? Confesse-t-il ses erreurs ? Abjure-t-il son
impiété ? M. Legentil a la conviction que là est le salut : à
Dieu, s'il sauve des hordes d'Attila la capitale, dont sainte
Geneviève est la patronne, promettre le monument qu'on lui
doit, depuis que Marie Alacoque a révélé le cœur divin ; un
temple serait dédié au Sacré-Cœur.

M. Legentil se mit en campagne, triplement cuirassé contre
l'indifférence, les sarcasmes et les hostilités. Son évêque,
Mgr Pie, lui marqua, dès les premières ouvertures, son ressen-
timent contre Paris, l'éternel insurgé. Le prélat reflétait l'opinion de son diocèse, qui était celle de la province tout entière.
Sans la déconseiller, il n'encouragea point pourtant une entreprise qui semblait aussi problématique qu'inopportune. Le don
de clairvoyance manqua à tous les prélats pressentis, même à
celui qui devait être représenté, plus tard, dans la basilique, à
genoux, et offrant à Dieu l'édifice achevé. L'archevêque de
Paris, Mgr Darboy, dès que les portes de la capitale furent rou-
vertes, reçut les promoteurs du vœu de Poitiers, les entendit
sans chaleur. Mgr Darboy périt.

Mgr Guibert, son successeur, vit revenir les zélés pèlerins. Il

examina prudem-
ment leur tentative
qu'il avait d'abord,
à Tours, froidement
accueillie. Il la bé-
nit, mais d'un doigt
circonspect. Le
malheur écrasait,
sous d'impérieuses charges, le
monde chrétien : était-ce l'instant de lui imposer un surcroît
de sacrifices pour l'érection
d'une basilique ? Puis, que
signifiait cette condition : Dieu
aurait son église s'il accordait
des grâces? M. Legentil n'était
pas entêté sur sa formule. « Eh
bien, monseigneur, répondit-il,
faisons crédit au bon Dieu. »
— En ce cas, lui dit l'archevêque, constituez un comité, et soyez douze, comme les
apôtres.

Sa lettre pastorale, plus tard,
ajouta : « Ce temple, dans votre
pensée, doit être un monument

d'expiation. Fréquenté par de nombreux adorateurs, il devien-
dra, dans l'enceinte de la capitale, une sorte de paratonnerre
sacré qui la préservera des coups de la justice divine. »

Son adhésion réservait le choix de l'emplacement. Un jour,
le cardinal-archevêque, accompagné de l'abbé Langénieux, gravit
la colline de Montmartre. Elle était dénudée, d'aspect brutal

et portait encore les cicatrices des coups de la dernière
lutte.

— C'est ici, dit le prélat, que doit être élevé le monument
du Vœu.

Les fidèles virent dans ce mouvement irrésistible une grâce
surnaturelle. Ce n'est point pour déparer la légende d'une basilique qui vise au merveilleux : il est plus probable, pourtant,
qu'avant de quitter son palais, Mgr Guibert n'ignorait ni la
décision qu'il allait prendre, ni le lieu où il la prendrait.

Le lieu était bien choisi, élevé, dominateur, propice à un acte
de foi qui voulait être une affirmation constante, éclatante et
publique. On lui reconnut ses titres historiques : on lui en
découvrit de nouveaux.

C'est à Montmartre que saint Ignace et ses compagnons se
vouent à Dieu; que François Xavier ressent les ardeurs qui
vont le transporter. Le cardinal de Bérulle, avant de clôturer
les filles de Sainte-Thérèse, leur fit gravir la colline et res-
pirer « l'air si national de Montmartre que François de Sales
le nommait « l'air du Paradis ».

Pour que le cardinal Guibert s'arrêtât en un tel lieu, il fallait
que la Providence guidât ses pas — ou la tradition. Le Père
Lemmius a établi que le culte du Sacré-Cœur devait avoir
pour berceau ce pays ; il en donnait pour témoignage une
vieille gravure représentant Marie Alacoque jetant les yeux sur
une montagne; au bas de la gravure, ces mots attribués à la
Bienheureuse : « Il me fut représenté un lieu fort éminent,
spacieux et admirable en sa beauté, au centre duquel il y avait
un trône de flammes, dans lequel était l'aimable Cœur de Jésus
avec sa plaie, laquelle jetait des rayons si lumineux que tout ce
lieu en était éclairé et réchauffé. » La Bienheureuse Marie Alacoque entrevoyait, paraît-il... Montmartre.

Ces raisons, et surtout d'autres, furent données en 1873 à

l'Assemblée nationale. On persuada à la République de répondre
à un vœu que le Roi-Soleil avait dédaigné. La basilique fut, par
une loi, décrétée monument national. On autorisait l'archevêque
à agir, par voie d'expropriation, sur le sol concédé. C'était
un triomphe. L'argent afflua. Un million fut réalisé en une
année. Or, il n'y a, en de telles entreprises, que le premier
million qui coûte.

On avait le terrain, il était acquis à peu de frais de propriétaires qui n'en espéraient que de revêches cultures. Il fallut
songer à l'édifice. Que serait-il ? Dans les premiers âges, les cathé-
drales s'élevaient vers les cieux comme l'encens. Les maçons
étaient les associés d'un cantique, et leur labeur anonyme avait
la triomphante sérénité d'un acte de foi. Ce temps n'est plus.
L'architecte hésite, plagiaire du passé. Il emprunte à ses devanciers, servile et gauche, leur manière, leur formule, leur style.
Il les répète, persuadé que la croyance ancienne ne se peut
affirmer que par le signe de pierre que les âges consacrent, en
quelque sorte, hiératique et formel.

Un concours fut ouvert entre tous les architectes français.
Leurs projets allaient du gothique flamboyant à la coupole
byzantine. Byzance avec M. Abadie l'emporta. Ce choix se
défendait par l'exiguïté de l'emplacement, insuffisant pour tout
ordre d'architecture. On se flattait qu'un dôme byzantin, avec
la majesté de sa masse, donnerait au monument le caractère
qu'on en espérait.

Le 24 mai 1876, fête de Notre-Dame Auxiliatrice, à six
heures du soir, le cardinal Guibert signa l'adoption du projet.
Cinq ans auparavant, le même jour, à la même heure, la Commune décrétait la mort des otages.

Les premiers coups de pioche étaient donnés le 5 juin. La
carrière ne s'était pas aventurée jusque-là, le sol n'était pas
miné, mais composé de sable et de fuyante glaise. Il était

impropre à recevoir le dépôt d'un monument aussi lourd.
Quatre–vingt–trois puits, de trente mètres, allèrent chercher la
couche solide. Leur seule construction absorba bien au delà des
premiers revenus. Mais la source avait jailli du flanc du rocher.
Elle ne se tarirait point. Au contraire, chaque jour elle coule-
rait plus abondante. Dans l'enceinte du chantier de constructions, les ouvriers ne besognant encore que sous terre, une
chapelle provisoire s'édifia, rue de La Barre, en face du mur
où, le 18 Mars, avec le sang des généraux, fut signé le pacte
de l'émeute victorieuse. Elle y est restée, très humble, à côté de
la basilique grandissante, d'où, chaque 25 juin, l'archevêque,
environné de l'éclat des pompes liturgiques, bénit Paris.

Trois millions, pendant trois ans,
sont engloutis dans les puits. On
commence la crypte, dont les travaux durent cinq années. Les
assises de la basilique supérieure, ce vaisseau si vaste d'où le
prédicateur s'adresse à un peuple de fidèles, sont posées en 1883.
Cinq ans plus tard, l'église entière est livrée aux fêtes du Congrès
eucharistique. Une toiture de toile abrite les cérémonies de cette
journée. Deux ans après, s'érigent les deux façades latérales, le

triforum et les fûts du grand dôme. Quand l'attique est à la veille d'être construit, trente millions ont été reçus et dépensés ; dix millions sont encore indispensables pour parachever l'œuvre.

Que sera-t-elle au point de vue de l'architecture? On en jugerait malaisément dans le chaos de ces constructions, où la pierre définitivement assise s'associe à de formidables charpentes parasitaires. La basilique est toujours en chantier. Les processions se déroulent dans l'amoncellement des madriers. Les fidèles accèdent à l'église par des échafaudages. La silhouette du Sacré-Cœur doit à ces poutres enchevêtrées, qui la flanquent comme un bastion barbare, un singulier aspect. C'est comme une forteresse primitive. On s'imagine ainsi Alésia ceinturée de ses remparts. L'œil s'arrête, complaisamment retenu à ces silhouettes, dont la grandeur farouche est éphémère et changeante. Le charpentier, toujours plus haut montant vers la nue, échafaude la forêt aux vives arrêtes, de laquelle surgira, ces madriers géants abattus, la cime de la basilique, éblouissante de blancheur dans la virginité de ses pierres.

Le Père Jonqueta décrit la façade principale qui regardera Paris. « Des escaliers de pierre conduisent sous le porche par trois entrées à plein cintre, dont les arcs sont soutenus par des piliers entourés de petites colonnettes. Le porche est fait d'arcades reposant sur des colonnes ; il est couvert de voûtes demi-sphériques reposant sur des pendentifs. D'une forme à la fois robuste par l'ensemble, et légère par les détails, le porche est couvert d'une terrasse ornée de deux statues équestres. Au-dessus, trois arcatures abritent les fenêtres. Au-dessus encore, s'élève un fronton dont les lignes rampantes s'interrompent pour laisser paraître et deviner la niche où la statue du Sacré-Cœur, en marbre blanc, anime l'ensemble. La devise qui l'entoure est le commentaire de l'édifice : *Sacratissimo Cordi Jesu Christi Gallia pœnitens et devota.* »

L'admirable est moins l'édifice, en dépit des obstacles que
les architectes eurent à surmonter, que la source où s'alimentèrent
les dépenses qu'il engloutit. Quarante millions demandés à des
fidèles sollicités par tant d'œuvres, et les obtenir, c'est là le
prodige. Il ne fut point que l'effet de la grâce divine ; l'enten-
dement de religieux rompus aux affaires temporelles y contribua
puissamment. Ils s'adressèrent à la ferveur ; mais pour connaître, à l'avoir tant sondé, le cœur humain, ils s'adressèrent
aussi à la vanité. Le monument achevé publiera, sur le registre
de pierre des murs et des piliers, les noms des donateurs, et
l'approximatif chiffre de leur offrande ; acte de foi qui se dou-
blera d'un acte d'orgueil. L'orgueil est un péché dont un adroit
virement peut faire une vertu. A cette heureuse opération qui
frustrait le diable, les oblats de Marie, entrepreneurs du Sacré-
Cœur, dépensèrent le meilleur de leur zèle efficace.

Ils détaillèrent l'édifice entre les souscripteurs. Il y eut des
colonnes depuis mille jusqu'à cinquante mille francs, des chapelles depuis cinq mille jusqu'à cent mille francs, des bandeaux
de tympan à prix débattus qui donnaient droit à l'inscription
apparente d'un chiffre ou d'une armoirie. Pour les bourses moins
fortunées, il y eut des pierres de trois espèces : la pierre de taille
cachée à l'usage des âmes très humbles et de revenus modestes,
qui coûtait cent vingt francs la pierre ; les pierres apparentes,
qui chatouillaient le respect humain, et sur ce péché prélevaient
une taxe de trois cents francs, laquelle s'élevait jusqu'à cinq
cents francs sur les claveaux, donnant droit à deux initiales ;
mais si la vanité s'enflait jusqu'à vouloir crier sa générosité
en toutes lettres, il lui en coûtait mille francs pour une pierre
en vue.

L'émulation gagna de proche en proche. Elle s'étendit des
particuliers aux œuvres, aux confréries, aux diocèses. Dans la
crypte, les chartreux décorèrent la chapelle de leur patron,

saint Bruno. Le « sou du client » participa à l'érection de la
chapelle de sainte Thérèse. Le Midi s'enflamma pour la chapelle
des trois Marie. Le Tiers-Ordre pour saint François d'Assise.
Les zouaves pontificaux souscrivirent pour saint Martin de Tours.
La duchesse d'Uzès exécuta et offrit un saint Hubert pour
l'autel des chasseurs. Le pape donna le ciborium. Il ne fut
jusqu'à l'« OEuvre des Petits Ramoneurs » qui

ne voulût sa colonne dans la chapelle de saint Dominique.
    Le porche de l'église supérieure — dans le cadre duquel le
cardinal Richard se plaît à venir faire sa prière intime — était
dû pour une large part à l'offrande de Lyon. Metz donna le
bénitier de droite, Grenoble celui de gauche. La maréchale

Pélissier centralisa les dons pour la chapelle de l'armée, qui avança moins vite que celle de la marine, où l'autel chante le souvenir de l'amiral Courbet, dont un ange de marbre soutient l'épée authentique. Le barreau et la magistrature contribuent à l'édification de la chapelle de saint Louis, ce justicier expéditif et sans frais. La maréchale de Mac-Mahon donne la statue du Sacré-Cœur. Louis Veuillot, particulièrement honoré, occupera en effigie la chapelle de Benoît Labre. Le Canada rappelle sa fidélité au catholicisme dans la chapelle de saint Jean-Baptiste. Les Jésuites dotent la chapelle de saint Ignace.

L'agriculture et l'industrie entretinrent leurs chapelles respectives. L'agriculture donna l'élan ; elle prit un trumeau et, ambitieuse de faire plus en doublant la somme, dans un vitrail plaça l'image de Valentin, son patron. La viticulture lança un bulletin. Le phylloxera dévorait les vignes, la science était impuissante à conjurer le fléau. Les païens, en ces circonstances se tournaient vers leurs dieux. Aurait-on moins de piété que les païens? N'offrirait-on au Seigneur aucun de ces dons qui lui sont sensibles? Beaune souscrivit, puis le Bordelais. Une famille de vignerons, pour conjurer la ruine par les infiniment petits et appeler la bénédiction de Dieu sur les plants américains, prit cinq mille francs de vitraux. Un anonyme se rappelait avoir fait jadis, dans ses vignes, travailler le dimanche : n'avait-il pas, par ce manquement à la règle divine, attiré sur lui, sous forme d'insectes nuisibles, le courroux du ciel? Tout crime se peut réparer, puisque la miséricorde divine est infinie ; il prit, en signe de repentir, un pilier et cacha son nom.

L'édifice achevé, on l'ornera. Il convient d'y songer. Tout est reçu qui part d'un bon mouvement : les vases sacrés, les chasubles, les chapes, les aubes, On reçoit aussi des cierges, des bougies, des boîtes d'encens, on reçoit — et avec quelle gratitude ! — jusqu'à des diamants pour le futur ostensoir !

C'est ainsi qu'avec le repentir des uns, l'orgueil des autres,
la foi de tous, le Sacré-Cœur lentement s'est édifié sur le
mont où les dieux du paganisme avaient, eux aussi, en leur
temps, recueilli l'encens des adorations et la fumée des holo-
caustes !

Pèlerins et Fidèles

PÈLERINS ET FIDÈLES

La montagne de Montmartre a l'habitude des pèlerins. Elle les a de tous temps sollicités par des sanctuaires que consacrait l'abondance des grâces. Autour de l'autel de Janus, elle a vu les païens implorant des dieux ce que l'homme, à quelque culte qu'il appartienne, ne cesse d'implorer : un terme à ses maux et le maximum des félicités terrestres, — sans préjudice des autres. Elle a vu la même foule se presser au lieu où saint Denis fut décapité, et au nom même de ces dieux du paganisme dont il était venu ruiner l'influence. Au moyen âge, une indulgence perpétuelle était accordée à tous ceux qui, le jour de la fête du saint, visitaient l'abbaye. Le lundi des Rogations, les chanoines de Notre-Dame faisaient une station à l'église du couvent. Et tous les sept ans, à Pâques, au milieu d'un immense concours de population, les religieux de Saint-Denis venaient honorer l'endroit — par là vers la rue Antoinette, — où était mort le premier évêque de Paris.

Que Charles VI, déguisé en ours, enflamme aux bougies les étoupes de son costume et échappe à cette incinération : voilà pour envoyer la Cour, en grande pompe, prier chez les nonnes de l'abbaye. Que le duc de Bourgogne souhaite que dans ses ténébreux projets Dieu lui soit secourable, à son tour, le voilà décrétant des processions publiques à la chapelle du martyr. Si les orfèvres processionnent en l'honneur de leur saint patron, c'est vers Montmartre qu'ils se dirigent; ils y ont une chapelle sous leur clef. « Les escholiers, écrit un vieux chroniqueur, quittent la rue du Fouarre et le clocher Notre-Dame, emportant avec soi la brassée de paille sur quoi ils s'assoiront, et franchi le fleuve se répandent, en chantant, sous les yeux graves des docteurs redevenus adolescents, dans les prés de Saint-Laurent, s'arrêtant au détour, au sanctuaire des saints Rustique et Éleuthère; puis gravissent la rude montagne. »

Le pèlerin qui a franchi la palissade du Sacré-Cœur, à sa droite aperçoit, au delà d'un mur élevé, hérissé d'une grille, un Christ en croix entre les deux larrons : c'est le calvaire si délaissé de la vieille église Saint-Pierre. Il était, il est resté pittoresque. Sous une éminence faussement rocheuse, est aménagé un pseudo Saint-Sépulcre. L'une des stations de ce chemin de croix mène à un Christ au tombeau, impressionnant dans l'ombre de sa crypte. Pie VII avait accordé de notables indulgences aux visiteurs du chemin de croix intérieur qui étaient invités à prier pour la concorde avec les princes chrétiens et l'extirpation des hérésies. Grégoire XVI renouvela ce bref pour le calvaire et le

chemin de croix extérieur. Vers la Saint-Pierre, d'édifiantes
assemblées s'y tenaient, et aussi à la Toussaint. La route en est
désapprise. Les fidèles sont devenus plus rares que les curieux :
ceux-ci admis à visiter, pour cinq sous, ces vestiges de l'histoire
religieuse du passé. Certains cependant s'arrêtent encore dans
l'étroite chapelle sépulcrale, enfouie sous les ronces. Ils s'y
livrent à de particulières dévotions. Les murs crevassés, dé-
gradés, rayonnent d'inscriptions qui proclament la ferveur des
méditations. Ce sont des vœux et des actions de grâce. La divi-
nité est priée de s'intéresser aux examens, à la santé, à la bonne
direction des affaires temporelles — à l'amour. Deux amants
sont venus qui ont tracé sur la voûte : *Lucienne et Georges :
pour qu'ils s'aiment éternellement...*

« M. Ottin, curé de l'église de Montmartre, située en France,
près Paris », suppliant le Saint-Père d'accorder des indulgences
à son chemin de croix, était dans la tradition, mais il manquait
de l'esprit d'entreprise. « Que faut-il faire à ma vigne, disait le
prophète Zacharie, que je n'aie pas fait ? » Sur la vigne eucharistique de Montmartre qui donnait en pèlerinages de si belles
grappes, il fallait greffer le Sacré-Cœur. Nos moines s'y em-
ployèrent, et le petit calvaire apprit, à ses dépens, ce qu'était un
lieu de pèlerinage à la mode contemporaine. Il ne s'agissait plus
d'attirer, trois ou quatre fois l'an, les natifs des alentours, mais
la France entière et tout l'univers bien pensant. Toute une orga-
nisation était à créer sur le plan de Lourdes, de Paray-le-
Monial ou de la Salette. Quelque chose de grand et de continuel ;
une foire perpétuelle d'indulgences, avec, au fond, mais niée et
dissimulée : l'attraction de Paris. La foi, dans de tels déplace-
ments, le dispute au tourisme. On calcule les grâces d'une visite
édifiante, les vertus d'un bain dans la piscine, d'un verre d'eau
bu à la source miraculeuse, mais on ne néglige point le pittoresque des sites environnants. La chapelle de Lourdes fascine

l'âme, les Pyrénées les yeux. Cette attraction
toute profane, Paris l'exercera sur les troupes
de pèlerins amenés du fond de leurs provinces
par leurs pasteurs, eux-
mêmes ravis à l'idée de
connaître enfin la ville
géante, la Babylone dont le
Sacré-Cœur se flatte, audacieux miracle, de faire une
Jérusalem.

Ce départage des raisons
qui poussent à visiter le
Sacré-Cœur a jeté un
trouble avoué dans les con-
sciences les plus ingénues.
Pouvait-on sans dommage
traverser la ville de toutes
les impudicités et de tous
les blasphèmes ? Le pieux
pèlerinage, au contact des
pharisiens, ne menaçait-il
pas de rencontrer le scandale ? On visait surtout les
pèlerinages d'hommes.
Le lien conjugal s'allonge
tant par l'éloignement qu'il
en est comme rompu. Les
graveleuses légendes qui
courent sur la facilité des
rencontres dans la rue parisienne, charibotent l'esprit du mari,
affranchi de la bourgeoise. L'occasion, l'herbe tendre d'avoir
été si souvent foulée, et aussi quelque diable le poussant

— car pour le diable, la lutte à cette heure décisive est un devoir — n'est-ce pas pour mettre à l'épreuve vertu qui à

moins chancellerait? « Non, non, s'écriaient les pasteurs timorés, nous n'irons pas à Paris : nous ferions plus de mal que de bien à nos populations naïves et simples. » C'était l'écueil. On rassura ces inquiétudes, on domina ces scrupules, on fit une peinture enchanteresse de ces agapes à l'abri Saint-Joseph, sous la présidence de M. le curé, dans l'édifiante société des bonnes sœurs. La table n'était-elle pas chaque jour dressée, qui apportait même aux pèlerins sans leurs femmes, l'image de félicités autrement éloquentes que les séductions des rues?... « Vous craignez les scandales de Paris, disaient les émissaires, mais outre qu'à côté du grand mal se trouve le grand bien, faites comprendre à vos pèlerins qu'ils vont à Montmartre, non à Paris. Si pendant leur séjour, ils désirent visiter les monuments de la capitale, quoi de plus aisé que de former des groupes et d'aller ensemble à Notre-Dame pour y vénérer les reliques de la Passion, à Notre-Dame-des-Victoires pour y prier Celle qui convertit les pécheurs? Vous donnerez ainsi satisfaction à une légitime curiosité, vous en éviterez tous les inconvénients. Et quel apostolat. En plein Paris! »

On ne demandait qu'à être converti à l'idée du voyage, et rassuré sur ses suites. Y eut-il jamais scandale? Pèlerin s'égara-t-il dans les rues chaudes au pied de la butte, suivit-il quelque pécheresse chez qui l'adoration aussi était nocturne? Un troupeau erra dans la montagne, parmi les précipices; une brebis y tomba. Est-ce pour condamner la montagne aux troupeaux qui viendront y brouter l'herbe odorante, et boire l'eau vive?

Les pèlerinages des diocèses éloignés commencent en juin et sans interruption durent tout l'été. Ils se composent le plus souvent de vingt pèlerins au moins, de deux cent cinquante au plus. L'œuvre centrale des pèlerinages — sorte d'agence Cook — joue les anges gardiens à l'intention de ces troupes de fidèles. Elle se concerte avec les autorités religieuses sur les dispositions à prendre pour exalter la piété et modérer la dépense. Elle traite les questions de transport, organise les trains spéciaux, débat les réductions et offre des types de pèlerinage sur commande et à forfait.

Le pèlerinage d'une journée, arrivé à six heures, consacre la matinée aux exercices de dévotion, déjeune à midi, au réfectoire Saint-Joseph, se promène en voiture aux sanctuaires et aux lieux intéressants, dîne et s'en retourne. En voilà, moins le chemin de fer, pour neuf ou dix francs. Chaque groupe est libre de choisir tel mode qui lui convient pour les offices, pour le chant, les processions et prédications. Il y a cependant, pour tous, uni-

formité dans une certaine mesure. Ainsi le matin, la fonction
sainte se compose toujours d'une messe de communion, du salut
et de la consécration. Les allocutions, les morceaux de chant,
parfois les processions, sont la partie livrée à la variété. Le soir,

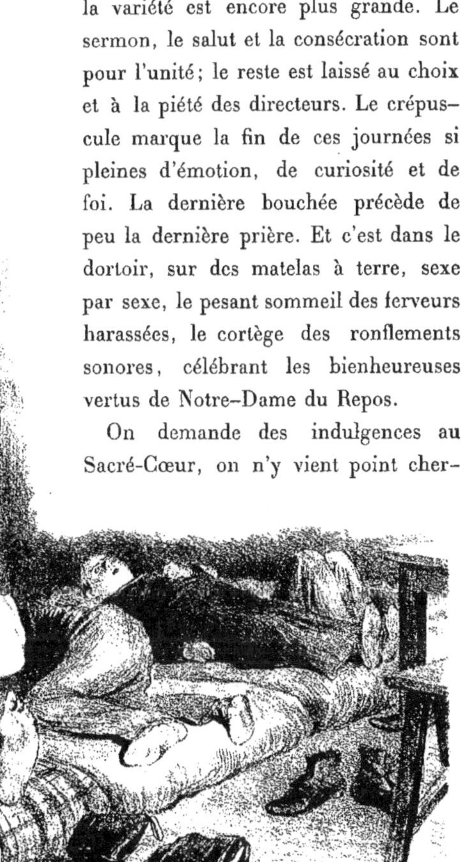

la variété est encore plus grande. Le
sermon, le salut et la consécration sont
pour l'unité; le reste est laissé au choix
et à la piété des directeurs. Le crépuscule marque la fin de ces journées si
pleines d'émotion, de curiosité et de
foi. La dernière bouchée précède de
peu la dernière prière. Et c'est dans le
dortoir, sur des matelas à terre, sexe
par sexe, le pesant sommeil des ferveurs
harassées, le cortège des ronflements
sonores, célébrant les bienheureuses
vertus de Notre-Dame du Repos.

On demande des indulgences au
Sacré-Cœur, on n'y vient point cher-

cher la guérison des souffrances, pour la science de l'homme,
incurables. Les processions n'y ont point le pénible de celles
de Lourdes. Les pèlerins ne traînent pas à leur suite les
misères des membres perclus, la douleur des chairs meur-
tries, le ridicule poignant des pauvres êtres que des maux mystérieux atrophient et contorsionnent. Ces pèlerins sont vifs,
allègres, dispos. La belle humeur est répandue sur leurs traits.
Leur physionomie, volontiers, se pimente de gauloiserie; le
curé n'est pas le dernier, mis en train par la joie ambiante, à
égayer la montée d'anecdotes qui font aux bonnes sœurs des
petites bouches frisées d'un rire circonspect.

Ce n'est pas d'une majesté irréprochable; mais la majesté
est-elle le caractère dominant des cérémonies du Sacré-Cœur?
Ne paraît-on point les préférer plutôt pittoresques et cordiales,
inclinant à la joie bruyante des fêtes patronales? La rumeur de
ces remous est plaisante, la couleur en est brutale. C'est l'imprévu de la foire et le grouillement du marché. Les foules
paysannes s'y récréent qui retrouvent là, mais élargies et magni-
fiées, revêtues d'un éclat à la fois simple et somptueux, leurs
assemblées villageoises, leurs fêtes votives.

L'attention est tenue en haleine par un spectacle qui se renou-
velle. Le mouvement des pèlerinages, les allées et venues des
diocèses et des confréries bariolent de tableaux changeants la
foule mobile, empressée dans l'immense nef où resplendit, étoilé
du feu des cierges, un autel chatoyant, surélevé; vaste estrade,
où le rouge des tapis éclate, chaleureux et dominateur; où les
drapeaux du Sacré-Cœur, à demeure fixe, ajoutent à l'office
un accent patriotique de comice agricole.

On est ici pour les nouveautés, pour la tempête des couleurs,
pour le bruit, pour quelque chose, oserait-on dire, d'un peu fin
de siècle? On est pour ce qui claironne et tapage. Ce n'est plus
la foi astreinte au service de la paroisse; on ne donne de sacre-

ments ni aux fiancés, ni aux moribonds; on ne reçoit pas les morts. C'est la basilique indépendante, vivant de son abondant casuel, administrée à sa guise. Le clergé séculier n'a rien à y voir; c'est l'entreprise des Pères. On n'a pas ouvert un temple : on a surtout lancé une affaire religieuse qu'on espère excellente, féconde en aumônes et en donations.

On y fait signe aux fidèles du monde entier et l'on ne craint point la vulgarité dans le geste. C'est peut-être l'église où l'on prie, mais c'est surtout l'église où l'on se distrait, l'église où l'on s'amuse, l'église où l'on chante. S'il le faut, le Père Lemmius donne l'exemple. Monté sur les degrés de l'autel, tourné vers l'assistance, il bat la mesure.

> Pitié, mon Dieu, c'est pour notre patrie
> Que nous prions au pied de cet autel !
> Les bras liés et la face meurtrie,
> Elle a porté ses regards vers le ciel.

On chante à toute heure, dans cette basilique, à tout propos. On chante en entrant, on chante entre les messes et pendant la messe. En sortant, on chante. On chante parce qu'on est heureux, parce qu'on est triste, parce que la France est sauvée, parce que la France est perdue. On chante en signe de contrition, en hommage de gratitude, au souvenir de la néfaste guerre franco-allemande ou en pensant à l'alliance franco-russe. On chante parce qu'on a été comblé des biens de la terre et parce qu'on en a été privé. C'est le cantique de Job : reconnaissant qu'on lui ait tout donné ou qu'on lui ait tout pris.

Quand c'est l'évêque du diocèse, venu rejoindre ses ouailles, qui fait le sermon, le cantique local est chanté de préférence. Parfois, quand la paroisse appartient aux environs de Paris, elle se fait accompagner d'une fanfare. Alors cela devient tout à fait gai. Pendant la procession du Saint-Sacrement, autour de la basilique, dans les limites que le chantier encombré assigne

aux ébats des pèlerins, la grosse caisse et les cuivres sonores lancent leurs imprécations contre les murailles de Jéricho. Les murailles ont jusqu'ici résisté, mais la foi est tenace et ne désespère point d'en avoir raison.

Les pèlerins chantent en haut et les pauvres en bas. Les pauvres sont les bienvenus le jeudi et à huit heures du matin, le dimanche. Ils s'assemblent nombreux dans la crypte. Traîne-besace, mendiants, camelots, chemineaux sans travail, rentiers de l'aumône, vaincus de la vie, serfs de la paresse, pauvres hères grelottants, souffreteux, minables, le matin de ces jours d'accueil, sortent de leurs trous sombres. Ils secouent la torpeur qui les coucha sur le dur oreiller de pierre, à l'auberge de la Belle Étoile ; et boiteux, terrassés, geignants, les pieds douloureux d'avoir tant et si longtemps cheminé dans leurs souliers de rencontre, ils s'étendent le long des palissades. Ils s'acoquinent par groupes sympathiques, ou se tiennent à l'écart, farouches.

Le mendiant est le décor obligé de toute pompe religieuse.

« Il y aura toujours, a dit le Christ, des pauvres parmi nous. »
Sous le porche, immuable figurant de la misère, le pauvre,
résigné, parce qu'il sera dédommagé dans l'autre monde, tend
la main. Raison d'être de l'aumône, sa présence est une nécessité. Le Sacré-Cœur n'y échappe pas : sur tous les chemins qui
y conduisent, ce n'est que balbutiantes invites à la charité. De
ces pauvres sont attitrés et font partie du matériel. Le premier
en grade, qui jouit, à la porte, du passage unique de son coin,
est un frileux qui redoute les rhumatismes : contre les intempéries,

il revêt une cagoule
en caoutchouc qui
en fait une sorte de
pénitent noir. Est-
ce bien un men-
diant? Son geste
implore, mais son
œil scrute... Ceux
qu'on nomme les
pauvres du Sacré-
Cœur ne sont pas
ces professionnels
qui ont monté au-
tour de la basilique
un établissement de
mendicité : ce sont
les invités du di-
manche et du jeudi.

Le Père Jonquet,
chapelain du Sacré-
Cœur, les a divisés
en trois catégo-
ries : les victimes,

les amis de leur situation et les vicieux. Les premiers sont des provinciaux venus à Paris avec l'illusion d'y trouver on ne sait quel Eldorado; ils ont dévoré leur pécule en battant les pavés. Ce sont des déséquilibrés, des faibles d'esprit ou des hommes tout d'une pièce qui ne peuvent se résigner à donner la main à qui ils voudraient donner le pied; des bacheliers déclassés, des licenciés que leur bagage dévoya, des inventeurs méconnus, des illusionnaires et des débiles. Les amis de leur situation sont les vagabonds, par état, à la recherche de ce qu'ils pourraient bien faire pour ne rien faire, sans délicatesse pour la chère, déchus de tout orgueil, dépensant dans les combinaisons les plus précaires, l'ingéniosité puérile de leurs services. Ils vont où ils entrent sans contrôle, passant de l'Hôtel des ventes au Musée du Louvre, et des Halles au Sacré-Cœur. Les vicieux sont pauvres par l'attitude et les haillons, mais non résignés. L'eustache de leurs poches est affecté à d'autres fins que le pain qu'il taille. Les uns et les autres attendent l'ouverture des portes, rêvant leur triste rêve intérieur, les yeux noyés dans l'horizon, devisant à voix basse, par groupes, lisant le journal ramassé dans la rue, triant la récolte des mégots. Les plus soucieux de leur personne se font raser par un Figaro de leur monde; c'est un service très apprécié qui se rétribue en bouts de cigare.

La promesse d'un morceau de pain est l'appât que le zèle du prosélytisme tend à ces affamés. Pour cette miche, ils viennent de loin, patients et dociles. Ils ne l'auront qu'après un interminable office : ce sera le prix du simulacre de leur ferveur.

Ils entrent un à un dans la nuit de la crypte; lamentable, ce défilé de toutes les détresses accusatrices des inégalités du sort et des distractions cruelles de la nature! Munis d'un petit livre de cantiques, ils sont allés prendre place, coude à coude, en rangs serrés, sur les bancs disposés à leur intention. Les derniers arrivés, les exercices commencent. Une « amie des

pauvres » exhorte ces malheureux à la prière. Elle la découpe en
fragments, qu'une centaine de voix redisent à l'unisson, dans un
bourdonnement confus, dans un murmure qui tient du sanglot.
Poussés, entraînés par la zélatrice qui brise ces volontés, ces
résistances, ces paresses des lèvres et de l'esprit, qui les incite à
des formules machinales, ils prient, ils ânonnent, ils remâchent
des mots, passant de la prière debout au cantique assis. « Allons !
page 29 : le cantique *Dieu est mon roi !* » Les grands bras de
la récitante battent la mesure, elle-même entonne l'air connu,
que les habitués accompagnent par acquit de conscience, ou
parce qu'ils se sentent surveillés. Ceux qui ne le savent pas,
retournent entre leurs mains gourdes le petit livre crasseux, ne
parviennent pas à découvrir la page ; ils feignent cependant l'attention, ouvrent la bouche, émettent quelques sons vagues. Puis
ils cèdent à la fatigue, et accablés, lourdement se laissent aller
au sommeil bestial que bercent les litanies endormeuses.

Un prêtre monte en chaire qui leur parle. Tous les yeux se
tournent vers lui. Les oreilles se tendent ; trop souvent c'est
à contresens que l'homme de Dieu s'exprime, dogmatique
plus qu'humain. Il ne sait pas, il ne veut pas savoir le mot
qui réconforte. Il n'apporte pas le cordial dont ces blessés auraient un soulagement. L'œuvre est belle, elle est grande et touchante ; pourquoi semble-t-elle se réduire à un prosélytisme
muet, sans chaleur, à une pitié qui s'amoindrit en catéchisant
dans la sécheresse des formules ?

Les prières, une fois dites, les cantiques clamés sans foi, et
achevé le sermon qui versa sur ces fronts assoupis les pavots
d'une éloquence stérile, l'instant est venu — le seul espéré —
de la distribution du pain. C'est une miche blanche que ceux-ci
glissent dans leurs haillons, que ceux-là enveloppent, par un
restant d'orgueil, dans un lambeau de journal. Les plus pressés
de la faim la dévorent en redescendant la pente des rues

Lamarck et Saint-
Éleuthère, pous-
sés par la police, qui
disperse ces loqueteux.
On se croit quitte envers eux
pour cette charité, convaincu
qu'on a répondu à cet ordre du
Christ : « Les déchus seront autour de ma colline comme une
bénédiction. Ils ne seront plus jamais consumés par la faim. »

La religion catholique est éminemment artiste. Ses temples
retiennent par le goût et la recherche de la pompe ; mais elle
reste sévère dans son luxe, sereine dans sa magnificence. Le
Sacré-Cœur est venu qui a outré la mise en scène. Fut-il
toujours discret ? N'a-t-il jamais manqué de tact ? Qu'importe ?
Il est resté logique avec sa conception. Cette avance en tréteaux
sur le devant de Paris prête un caractère forain à cette basilique
admirable. On n'accède encore au parvis que par des planches
de bois ; les garde-fous sont des rampes grossières ; le décor
d'entrée surajoute la baraque au palais. Et, quand le portail

ouvert, la procession se déroule soudain dans les échafaudages frustres, sur les planchers sonores, il y a là comme une sorte de parade sacrée, rappelant, dans un pittoresque savoureux, les mystères que donnaient les frères de la Passion pour l'édification des badauds.

S'il manque de véritable grandeur, il s'en faut que ce spectacle soit dépourvu d'attraits. On conçoit qu'il appelle — sa gratuité aidant — un considérable concours de peuple. On est là chez soi, on a du large. On processionne en plein air; et la procession reste une distraction d'autant plus goûtée des citadins qu'ils en sont privés. Ils revoient les fillettes voilées de blanc, ceinturées des couleurs du patronage, portant les bannières, disant les chants, et pénétrées de la gravité de leur mission. Un beau suisse chamarré d'or conduit aux pierres nouvellement offertes par des paroisses, et qui attendent, sur des chariots, la bénédiction que la procession apporte.

Le tableau, dans ce cadre est délicieux de fraîcheur et de grâce. Il ne coûte rien à contempler. En revanche, on ne visite la crypte ou le dôme qu'en prenant des billets. C'est également cinq sous pour voir la Savoyarde. Le bourdon du Sacré-Cœur n'attendit pas d'être équilibré pour faire du bruit dans le monde. On en parlait qu'il était encore dans le moule du fondeur. On disait son poids colossal : 18.000 kilos ; 900 kilos son battant, 6.000 kilos sa hune. Ce fut de nuit, un 15 octobre 1893, que cette géante des cloches fit son entrée à Paris, à la lueur des torches, au grand pas de vingt-huit chevaux vigoureux. Le soir, elle était sous sa charpente provisoire, du côté épître, à l'entrée de la basilique. Son baptême fut une affaire importante. Le cardinal y présida en personne. Elle avait pour parrain l'archevêque de Chambéry et la comtesse de Boigne pour marraine. Ils lui donnèrent les noms de « Françoise-Marguerite du Sacré-Cœur » ; mais, pour le peuple, elle resta la « Savoyarde ».

Elle sonne souvent. Son *ut* grave très pur ne produit pas
l'effet qu'on en attendait. Ses ondes sonores, au pied de la
Butte, se fondent, se noient dans l'énorme fracas de la cité. La
rumeur de Paris, cette rumeur qui croît de siècle en siècle, ce

formidable halètement de bête monstrueuse en travail, ce bruit
de houle humaine dans l'océan des maisons, domine les accents
profonds et cristallins des cloches. Il entend, de moins en
moins les appels à la prière, et la Savoyarde elle-même, en
dépit de la grosse voix qu'on lui a faite, par le bronze prodigué
de l'hommage, ne frappe point les oreilles emplies de la magnifique et puissante clameur d'une activité gigantesque.

Sa réputation n'en est pas amoindrie dans l'esprit des pèlerins
qui en veulent emporter l'image.

Elle est le fonds primordial des éventaires de sainteté ; on la
trouve avant toute chose aux boutiquettes de la rue de La Barre.

L'article de Paris l'a transformée en timbre d'appel pour salle à manger. Elle figure en bonne place dans la pieuse camelote spéciale au Sacré-Cœur : statuettes de matières diverses, pas chères, d'un travail plutôt médiocre, représentant la Vierge, ou Jeanne d'Arc, à pied, à cheval, sur le bûcher, en prière. Ou saint Antoine de Padoue, le saint à la mode, pour ce qu'il fait retrouver les objets perdus. Mais la plus répandue de ces icones

nes est le Sacré-Cœur. Il est représenté couronné d'épines et embrasé des flammes du divin amour ; estampé dans la soie ; devenu pelote où se ficheront, glaives douloureux, les épingles. Il illustre les scapulaires ; il saigne sur la blanche tunique du Sauveur. On ouvre une tabatière, il est dedans ; on ferme un buvard, il est dessus ; on regarde à travers le manche d'un porte-plume : c'est lui qu'on aperçoit dans la buée laiteuse de la lumière, agrandie par l'optique. Il est presse-papier, rond de serviette, crayon protège-pointe. Il est au fond des assiettes, il décore les soucoupes ; il s'entremet dans les tête-à-tête de porcelaine. Il timbre les bibelots, qu'on trouve aussi bien au Mont-Dore qu'à Trouville, au Sacré-Cœur qu'à Étretat. On est prévenu que les articles en vente au dehors ne sont point bénits. A voir certaines des mains qui les proposent, cela se devine. Des jeunes filles qui n'ont pas froid aux yeux, et dont la poitrine insolente est le plus fourni des éventaires, ont d'étranges façons de placer les saintes images. Il existe un dicton campagnard sur les fabricantes de chapelets : « qui en font plus qu'elles n'en disent ». Autour du Sacré-Cœur, il peut s'appliquer à quelques-unes qui en vendent.

La spécialité, c'est l'image-sauvegarde, en couleur, sur métal. Elle est destinée à être fixée sur les portes des appartements, comme l'enseigne de la protection divine. Elle se place également sur la poitrine. Le cœur est, de la sorte, à l'abri de toute effraction, les voleurs n'y entrent point ; et le feu, toujours à craindre quand on est jolie et bien faite, ne s'y allume qu'à bon escient.

Ainsi protégées, les plus timorées des jeunes filles ne sauraient redouter ni embûches, ni mauvaises rencontres. Elles pourraient, de nuit, impunément, gravir la colline pour y prier, car Montmartre a repris, à son exemple, l'œuvre de l'adoration perpétuelle, mais la prudence des chapelains à ces veilles n'admet que des hommes. Les femmes n'y peuvent venir qu'en pur esprit. Les Carmélites apprécient entre toutes cette communion. Leur adoration, pour cet objet, est véhémente, emportée, passionnée presque. Le cœur de sainte Thérèse brûle en elles. C'est des carmels que viennent à Montmartre les marques de la plus insigne dévotion. Les chapelains gardent ce précieux billet : « Jésus, nous venons nous offrir comme victimes d'amour. »

Dix religieuses ont signé cet holocauste volontaire avec leur sang. Dans le zèle qui les emporte, les confréries entendent témoigner, publier leur abnégation, leur renoncement, leur foi. Elles ajoutent encore à la formule du vœu.

Cette formule — et c'est là le miracle, — en moins de trente années a rapporté plus de trente millions. Elle a déterminé les offrandes, pierre à pierre. Sans arrêt, l'édifice s'est élevé. Ses visiteurs, avec les jours, croissant en nombre, ont donné aux initiateurs une confiance robuste qui s'est traduite en chants de gloire. La basilique se dresse, orgueilleuse, sur la montée, moins comme une église que comme une forteresse. A Paris schismatique, briseur de dieux, si versatile dans son culte, elle jette son cri de guerre : « Je vaincrai Satan, malgré ses efforts ». Elle croît en hauteur et vise à s'étendre. Ses *fideicommis* achètent discrètement les immeubles qui l'entourent, pour en faire des dépendances : cloîtres, séminaires, maisons ecclésiastiques. Elle reconstitue ainsi, avec ses franchises et ses immunités, par la magie de son or, l'ancienne abbaye. Elle y convie l'univers et il y accourt.

Qu'adviendra-t-il de cette puissance en conflit avec la philosophie contemporaine et le scepticisme agressif? Un choc se produira-t-il? La multitude sans ferveur qui, par trois fois déjà, occupa la crête de Montmartre, grimpera-t-elle là-haut, au pas de charge de ses flots en tumulte, battant les portes du sanctuaire? Est-ce le champ clos de demain ou, au contraire, est-ce le lieu, si ardemment souhaité, de la réconciliation et de la concorde?

Trêve à ces pensers trop graves! Aujourd'hui, la Butte n'est, à ces transformations, que goguenarde et sympathique. Elle se voit grandir dans les préoccupations des hommes. L'heure de sa fortune a peut-être sonné. Devenir Lourdes : pourquoi non? Les artistes qui l'envahissent, infidèles au vieux moulin, n'ont de crayon que pour la basilique et ses métamorphoses. Ils ne se lassent point de les traduire. Elle pénètre leur œuvre, la teinte d'un mysticisme peu orthodoxe, mais où, cependant, se décèle comme un accent de la vieille chanson qui berça l'humanité.

Les Artistes

LES ARTISTES

En 1829, Théodore Rousseau avait dix-sept ans. L'heure
sonnait pour lui de se choisir une carrière. Sa famille souhaitait
qu'il devînt ingénieur; il voulait être artiste. Par une anomalie
fréquente chez les Parisiens nés entre les pierres, il rêvait de
traduire la beauté changeante des sites dans la pleine nature. Il
savait un lieu disposé à propos pour sa naissante passion, pittoresque et verdoyant : Montmartre. Certaine tour d'une vieille
église surmontée d'un télégraphe, sur la Butte, lui semblait

former un tableau digne d'être peint. Il s'y appliqua et fit si bien que l'œuvre achevée renversa, comme la preuve irréfutable d'un don, les hésitations des siens. On l'admit à persévérer. L'un des plus grands paysagistes de l'École française naquit ainsi à la gloire... à Montmartre.

Avoir inspiré Théodore Rousseau et décidé de sa vocation n'est pas un mince honneur pour un pays. Vers ce temps, les artistes n'étaient point nombreux qui venaient s'inspirer sur la Butte. « Pendant les premières années du règne de Louis-Philippe, lit-on dans une étude sur la collection Michel de Trétaigne, vous auriez cherché vainement des ateliers à Montmartre ». Il n'y avait point d'ateliers, du moins y avait-il déjà des artistes. Barginet de (Grenoble), qui paya sa contribution aux *Cent et un* en écrivant l'article sur Montmartre, dès 1830, le constate. « Le revers de la colline de Montmartre, dit-il, est planté de vignes et de jolis jardins attenant à des pavillons de construction moderne où, dans la belle saison, se retirent quelques artistes de réputation. » Ces artistes ont donc là leurs maisons des champs. On peut supposer qu'ils n'y sont pas oisifs et que plus d'une ébauche de ce paysage séduisant, à proximité de la grande ville, porte la trace de leurs pinceaux.

L'art jusque-là n'a été représenté à Montmartre que par une manufacture de porcelaine, fondée dans une maison dont il reste encore, au 53 de la rue du Mont-Cenis, des traces très apparentes. Il était de bon ton, sous l'ancien régime, que les grands seigneurs prissent sous leur protection les industries de luxe. Si Mme de Pompadour patronnait la porcelaine de Sèvres et le prince de Condé celle de Chantilly, le comte de Provence se flattait d'imposer ses produits de Clignancourt. Le sieur Desruelles fabriquait, sous l'égide de ce gentilhomme, une porcelaine dont les spécimens sont rares. La marque était, vous vous en doutez, un moulin.

L'art décoratif était encore tenu en infériorité, et le souvenir n'est point demeuré des artistes de Desruelles, comme tant d'autres dispersés par la tourmente. Ils auront été les premiers qui habitèrent Montmartre et y travaillèrent. Ils y passèrent méconnus dans la foule des tueurs de l'abattoir et des maraîchers. Au demeurant, serviles imitateurs des décorateurs de Sèvres, le paysage environnant les toucha peu ; il est à présumer qu'ils ne lui demandèrent point la courte inspiration qui faisait fleurir de pâles bouquets enrubannés le champ laiteux du kaolin.

Les vrais artistes, primes occupants de la Butte, sont ceux qui y vinrent comme en villégiature ou qui, séduits par le pittoresque des aspects, posèrent là leurs chevalets et peignirent. C'est Michel, c'est Lépine qui raffolent des moulins à l'heure où cette passion peu répandue est encore originale.

De l'époque des précurseurs, un vieil artiste nous reste plein de

souvenirs : Delâtre, sur la Butte, voisin de face du moulin de la Galette. Il occupe l'atelier d'un ancien sculpteur en camées, Marchetti. Celui-ci s'impose au souvenir par les débris de coquillages, résidus de son travail sur la nacre, qui enlaidissent les façades intérieures de la maisonnette du maître-imprimeur. Les presses sont au fond du jardin, manœuvrées par le fils, qui a retrouvé, pour tous les artistes en quête de nouveau ou de renouveau les procédés des tirages en couleur. Le père est un ancien qui connut les premiers arrivants, ayant été leur collaborateur dès 1843, travaillant avec Jacques, avec Rops, avec Corot; fondant avec ceux-ci et d'autres la Société des Aquafortistes pour le plus grand triomphe de l'eau-forte dont ce fut le plein épanouissement. Un obus imbécile, en 1870, culbute l'atelier, anéantit l'œuvre, et notre artiste navré, tournant le dos à Paris, s'enfuit à Londres retrouver quelques artistes proscrits comme Tissot et Dalou. Mais il eut tôt fait d'abréger son exil. Il est revenu. L'œuvre du mal est réparé. La maisonnette a repris son aspect laborieux et paisible. Et c'est un charme, au déclin du jour, qu'une causerie sur le Montmartre du passé, dans ce jardin sans horizon ni éclat, dans ce courtil négligé dont le soleil, que contrarient les murs avoisinants, ne fait que pauvrement la toilette.

Il voisinait avec Millet, dont, en 1845, l'atelier était au 42 *bis* de la rue Rochechouart, à l'angle de la rue Pétrelle. Simple intérieur, le plus simple qui se pût voir : un atelier avec trois chaises et un chevalet; à côté, deux chambres pour la famille, la femme et les enfants. Que de fois Charles Jacques le surprit, berçant le dernier né; ayant encore en main la palette. Il faisait de tout, des pastels, des scènes mythologiques. « Un jour, nous raconte le père Delâtre, j'avais passé toute une journée en voiture, courant les quais et les marchands pour vendre une *Daphnis et Chloé* qu'il venait de finir. Quelle joie quand, harrassé, ma bonne fortune m'ayant conduit chez Arsène Houssaye, je fus assez heureux pour en tirer trois cents francs... »

C'est que la misère était profonde, et profonde aussi la foi de l'artiste. Un marchand de nouveautés, à l'angle de la rue Saint-Lazare et de la rue Notre-Dame-de-Lorette, lui vint commander, pour son enseigne, une vierge. Devait-il déroger dans sa dignité, repousser l'offre ? Il n'y a, disait-il, que l'oisiveté qui rabaisse. Il fit l'enseigne, disparue avec le magasin, et maintenant, on ne sait où. Millet démontra qu'il serait paysagiste en reproduisant le site montmartrois : d'où croyez-vous que parti Troyon ? Il suffit à sa palette des arbres de la verte colline, et des troupeaux qui, sous les fenêtres de son atelier, situé sur le chemin de ronde, près la place Pigalle, d'un pas solennel et grave, vont, inconscients de la mort prochaine qui les attend aux abattoirs. Charles Jacques n'est pas loin de là qui n'a qu'à s'accouder pour voir passer des moutons. Le choléra survient en 1849 qui terrifie les artistes. Ils prennent la clef des champs et vont à Barbizon, un peu plus pittoresque tout de même que le village d'Orsel. Et ils y restent.

Un peintre a juré de n'être jamais que le dévot du soleil et de traduire, dans les tons éclatants de la plus lumineuse des palettes, des barques glissant sur la mer azurée. C'est Ziem. Ira-t-il s'installer à Venise ? Pourquoi donc ? Rue Bréda, Diaz avec ses nymphes ne fait-il pas chanter haut la gamme des couleurs ? Si l'on a le soleil en soi, à quoi bon se mettre à sa poursuite ? Diaz convertit Ziem, a son second voyage de Paris, il le trouve installé quai Malaquais ; il le persuade que la vue de la Seine d'un gris d'étain troublera la magie de sa vision des lagunes. Ziem est tout oreille ; il a connu la Butte. Il a demeuré rue Saint-Lazare en 1841, lorsque, comme Rousseau, il cherchait sa voie. A cette époque, il avait peint un des cinq

moulins et l'avait montré à Dupré qui le jugea de bonne venue. Il appréciait donc Montmartre : il se laissa persuader. Un atelier était libre au 21 rue Bréda ; il y installa ses chevalets. Puis, s'avisant, il y a cinquante ans de cela, que le terrain était pour rien rue Lepic il paya en dix ans, à vingt-cinq sous le mètre, un terrain de cinq mille mètres qui vaut juste aujourd'hui cent fois plus, Il y a fait construire un atelier d'un style inimitable, où de tout entre un peu. C'est de là que prennent leurs vols les voiles incendiées des feux du couchant, et que sur les courtes vagues d'une mer de porphyre, s'allument comme des gemmes, les longues traînées des mâts polychromes réfléchis. Est-ce que Louis Morin, dont le pinceau éveille la spirituelle mascarade du Carnaval de Venise, n'habite pas aussi rue Lepic ? Le fin petit monde légendaire de la comédie italienne danse en toute l'œuvre de cet artiste lettré, sa folle sarabande, à cent lieues des moulins. Et pourtant qu'il les connaît bien, ces moulins, pour y suivre d'un regard attendri les ébats de celles qu'il nomma d'un mot délicieux : *les cousettes !*

La vie était facile et sans être trop frugale. Les peintres, sur le rapport de la cherté, n'étaient pas très exigeants. Les hommes de lettres prisaient plus volontiers un bon repas.

C'étaient eux surtout, nombreux dans le quartier Bréda, qui
faisaient la réputation de Dinocheau. Ce célèbre restaurateur
des lettres et des arts se trouvait rue Bréda, à l'angle de la

rue Clauzel. On ne payait pas Dinocheau,
mais on le tutoyait : honneur qui le mena de la faillite à l'hôpital.

Les premiers clients de Dinocheau, les déracinés de Montpar-
nasse ne sont pas des révolutionnaires. Originaux sans esbrouffe,
ils n'attachent point de casseroles à la queue de leurs pinceaux.
Quand M. Hébert quitta le voisinage du Chat-Noir, c'était pour
aller diriger la villa Médicis ; il est malaisé d'être moins novateur.
L'Institut ne dédaigne pas Montmartre : ce fut Lenepveu ; c'est
Cormon ; ce fut Fromentin ; c'est Vollon, Roll, Voillemot ; c'est

Guillemet, dont toutes les batailles livrées en l'honneur du paysage parisien sont des victoires.

Ce fut aussi Henri Pille, membre de tous les jurys officiels, et décoré. Son talent ne se ressentait point du milieu où il fréquentait ; assidu des tavernes, visionnaire des lointains gothiques et flamands, des pignons en encorbellement, des ruelles grouillantes de lansquenets, d'écoliers frondeurs, de faciles maritornes. Son cerveau, bric-à-brac du fer forgé, panoplie des vieilles armes, tiroir des anciennes perruques, garde-robe des haut-de-chausses surannés, était aussi peu montmartrois que possible. Quel peintre, cependant, plus que Pille fut montmartrois ? Il aimait de ce pays, son atmosphère de liberté, l'indépendance des façons, le droit au débraillé et au poil hirsute dont il usait si largement. Le Chat-Noir, en projet, n'eut qu'un signe à faire pour qu'il y accourut, parrain du journal ; comme cadeau, offrant à son filleul la célèbre vignette du titre,

Aussi décoré, aussi officiel, aussi détaché des habitudes du luxe, aussi fidèle du chapeau mou, c'est Pelez. Il est parmi les militants de la Butte, il défend ses franchises et tient pour ses immunités. Il se mêle au jeu des jeunes pour ce qu'il a conservé, dans son enthousiasme, sa fleur de jeunesse. Artiste qu'un philosophe a toujours doublé, son socialisme humanitaire se traduit par le pinceau, par les harangues aux tables des estaminets ou dans les manifestations de la rue. Il va où est la souffrance, qu'il tient pour fille de l'injustice — ou des hommes ou des dieux — et quoi qu'il fasse, il l'exprime ; ne serait-ce que par un char dans une vachalcade, comme lorsqu'il fit traîner le Veau d'or par des esclaves authentiques. Il a son atelier sur le boulevard Clichy, mais ses modèles lui viennent de plus loin : il se plaît à les recruter dans les taudis des biffins de Saint-Ouen ; sur les fortifs où les pierreuses balladent la « réjouissance » de leurs anatomies scrofuleuses ; aux Grandes-Carrières où les drames du terme, qui jettent à la rue mères et petits, improvisent, sur les trottoirs, de vivantes *Mater Dolorosa*. Il lui est arrivé de ramener des Batignolles de petites danseuses de l'Opéra, et de nous faire assister à leur déshabillé dans la loge, nous initiant au mensonge de la vie parisienne, par le contraste des haillons quittés pour les gazes de l'apothéose.

Puvis de Chavannes se plaît à montrer aux intimes un dessin qu'il trouva chez un brocanteur. Il représente l'ancienne barrière. Il habitait déjà, quand il fut fait, la maison du 11 de la place Pigalle qu'il n'a quittée, qu'un peu avant son mariage avec la princesse Cantacuzène — union si tôt interrompue, deuil auquel il ne survécut pas. Le maître, compte donc à Montmartre, parmi les précurseurs.

Pils aussi demeurait dans cette maison. Pendant la guerre, la place, devant, était un campement des troupes. L'artiste, dont l'œuvre est surtout militaire, trompa les angoisses du siège, en prenant, installé à ses fenêtres, plus d'un croquis dont, sans en soupçonner l'origine, on retrouve la trace dans certaines de ses compositions. Que l'on puisse faire des tableaux militaires à Montmartre, et d'après nature, c'est pour surprendre. Cependant, telle propriété qu'on vous montrera, proche l'atelier de Quinsac, rue Saint-Vincent, avec ses murs écroulés et ses arbres séculaires, ne représente pas autre chose que les paysages dans lesquels Alfred de Neuville fit se dérouler quelques-uns des épisodes de la guerre néfaste. Depuis combien d'années, Quost prouve-t-il par son jardinet de la rue de Norvins qu'un peintre de fleurs serait bien fou qui irait chercher ses modèles aux champs?

Mais que devient la théorie si séduisante de l'influence du milieu quand on considère, courant de peintre en peintre, tant de talents divers que le milieu n'influença point? Nous avons surpris Ziem tout là-haut, juché sur la Butte appliqué à peindre des barques sur l'Adriatique en feu. Des-

cendant quelque deux cents marches, nous sommes où fut le maître Puvis, au centre de la plus intense modernité. Ses croisées ouvertes sur le forum du débraillé et de la vadrouille, que fait-il ? Il médite les compositions qu'à Neuilly, dans un atelier plus vaste il exécutera. Indifférent au pittoresque lâché d'une exubérante jeunesse, aux conceptions voluptueusement charnelles des affranchis du pinceau, il poursuit, calme et robuste, son rêve. La cohue qui passe, effrénée, promenant la sarabande en rut des bacchantes, est-elle pour le distraire du nu qui n'est que le chaste cantique des lignes éternelles, et des visions qui flottent, immatérielles, dans les bois sacrés où croissent les lauriers divins ?

Le contraste s'accuse encore si l'on heurte à la porte du second étage de la même maison. Un petit homme vient vous ouvrir, coiffé d'un béret et la pipe aux dents, plutôt agressif, s'il ne vous connaît ; de l'humeur rogue d'un laborieux qu'on dérange. Il lève vers vous deux grands yeux bleu faïence, vous dévisage ; en garde contre l'intrus et le fâcheux, et tout de même, avec un accent alsacien, corrigeant la froideur inquiète de cet accueil, il vous prie de prendre un siège. Celui-là c'est Henner, en génie et en gloire, voisin de Puvis.

Sa muse à lui non plus n'est pas de Montmartre. Elle chante, dans la paix d'une profonde et mystérieuse atmosphère, la tache éclatante d'une chair blonde et rousse baisée par le jeu énergique de la lumière et des ombres, et elle s'en tient là. Montmartre turbulent se trémousse sur la place Pigalle, où l'amour qui commerce aux terrasses, noue et dénoue des ceintures qui ne sont pas même dorées. C'est le marché charnel, l'encan des femmes qui s'accompagne de l'exubérance d'une jeunesse dont l'idéal, sans rêve, étanche aux premières lèvres rencontrées, la soif de ses banales luxures.

Le maître, la tête auréolée des fumées de sa pipe, s'accoude à sa croisée et paraît suivre les ébats de cette foule à laquelle est indulgente sa proverbiale rudesse. Mais son regard fuit où l'emporte le vol de sa pensée, où son propre génie transpose le réalisme présent dans le ton de ses méditations supérieures. Lui aussi, sous ces étoffes criardes, sait que la chair est enfouie, comme la perle dans l'écrin : cette belle chair de femme. Il le sait pour ce que tant de ces créatures ont fait tomber, devant lui, leurs voiles.

Mais il n'était point l'acquéreur d'une nuit voluptueuse, et dans la nudité qui frissonnait sous la caresse de son regard, il vit ce que les autres n'avaient pas vu ; ce qu'il y a de chaste, de divin et de sacré en ce tabernacle vivant, où la forme, par le piège grossier des sens, se perpétue ; où les chaînons de l'éternité, l'un à l'autre, sans fin, se soudent. Et la passante, habituée du *Rat Mort* ou de la *Nouvelle-Athènes*, devint sur la toile, la *Nym-*

phe de *l'Idylle,* la *Naïade, Suzanne,* tous ces beaux nus savoureux d'où la pudeur au service du génie, a banni l'équivoque.

Parfois cependant, une mortelle reste dans l'œuvre, la femme même qui posa devant l'artiste : telle fut Alice, le modèle de *Fabiola,* de *l'Orpheline,* d'*Hérodiade,* une belge. Henner est à proximité de la grève des modèles qui se tient sous ses fenêtres, mais c'est une commodité qu'il n'apprécie pas. Il a trouvé Alice chez Puvis.

Cette grève des modèles est tout italienne. Elle a lieu le lundi matin, autour de la fontaine. Des saintes familles assises sur l'asphalte, attendent que passe un peintre soucieux de faire poser la Vierge mère, saint Joseph et *il bambino,* en vue de quelque fuite en Égypte. Des empereurs romains lazzaronent au soleil. Des vierges allaitent leurs petits; des pères Éternels se pouillent.

Le vrai modèle à Montmartre est montmartrois, et l'artiste l'ira plutôt chercher parmi les beautés de Saint-Ouen, ou au moulin

de la Galette, que chez les transtéverines de la place. La règle
souffre pourtant assez d'exceptions pour que l'omnibus Pigalle-
Halle aux Vins, qui
emmène et ramène
la pittoresque popula-
tion gitée au quartier

Saint-Victor, ne représente pas toujours un voyage superflu.

Gérôme, autre voisin du marché des modèles, sur le boulevard de Clichy, au 65, s'est trouvé bien de consulter ces gram-
maires du nu, sans originalité de style, mais d'une syntaxe

impeccable. Fortunato Corsi, la tête du *Baiser* de Saint-Marceaux, posa chez lui. *Tanagra* aussi était une italienne. Une année au bal des Quat'z'Arts, dont Gérôme est un fidèle, on reproduisit, avec de la chair vivante, cette œuvre de beauté. Une créature le permit : une jeune fille d'un ensemble irréprochablement chaste. Elle prit la pose sur un pavois que portaient quatre robustes artistes, assise, les genoux rapprochés, le buste droit que safranait un sang chaud. Une acclamation unanime salua l'idéale statuette. Ce nu périssable qui donnait l'illusion de la ligne immortelle, était d'une italienne.

Qu'on puisse sur leur territoire, faire concurrence aux filles de Montmartre, que le modèle d'outre-mont parvienne à se faire embaucher place Pigalle ; n'est-ce pas la démonstration qu'en art, comme en tout le reste, Montmartre n'est que contraste ? La modernité des uns n'exclut point le classissisme des autres. Les indépendants qui mènent grand tapage, ne sont point toute l'école montmartroise, en admettant qu'il y en ait une. Il y a aussi les artistes sages ou sévères qui n'ont pas renié les traditions. Concédons qu'ils sont surtout parmi les anciens.

Un groupe pourrait plus exactement se recommander de Montmartre, celui dont il reste Monet, Pissaro, Degas, Renoir ; la petite phalange des impressionnistes qui modifièrent les tonalités conventionnelles de l'art, qui le nettoyèrent du bitume pour l'installer dans l'arc-en-ciel du prisme. Monet a été l'âme de cette innovation. Il avait pour habituels camarades ceux qui tendaient au même affranchissement. Il y avait alors, avenue de Saint-Ouen, un café à peine distingué de ses pareils, sinon que les consommateurs n'y étaient pas autrement nombreux, et que la bière y était buvable, le café Guerbois. La petite bande de nos émeutiers d'art y tenaient ses assises, autour du billard, sans le moins du monde affecter des airs de cénacle. Elle accueillait les littérateurs qui partageaient ses tendances ou les défendaient, comme Antonin Proust. Zola qu'avait amené son ami Paul Cézanne, y fut un assidu et y conçut l'*Œuvre*.

La petite troupe, sans qu'on sut pourquoi ni comment, peut-être parce que l'humeur de l'homme est vagabonde, un soir, comme une ruche essaime, quitta le Café Guerbois, si Batignollais, et vint tout entière s'abattre à la « Nouvelle-Athènes ». Elle y trouva des amis. Gœuneutte, Forain, Catulle Mendès, Silvestre et Duranty y fréquentaient assidûment. Zola n'allait plus au café, mais Paul Alexis, son familier, faisait l'intérim. Le dé de la conversation appartenait à Manet, brillant causeur, paradoxal et caustique, dont les mots marquaient les médiocres comme au fer chaud.

Ceux qui n'étaient que des types s'y associaient à ceux qui étaient réellement des ouvriers au franc et sûr labeur. Tel Guérard, au profil méphistophélique, osseux et long jusqu'à l'invraisemblance, qui avait la passion de graver des masques japonais ou des lanternes. Le métier de portraitiste en lanternes ne nourrissait pas toujours son homme. Guérard manqua souvent de pain, ce qui n'était que demi-mal ; mais la catastrophe était sans mesure quand il manquait aussi de zinc. On raconte que la nuit, disputant aux chats érotiques les gouttières, il dépouilla parfois de son métal la toiture pour s'en faire des planches. Sans ressources pour se payer le luxe d'une exposition particulière, il se fit un petit Salon permanent de la montre d'un traiteur. Un Anglais excentrique passa par là, vit les dessins exposés et les acquit. La mine triomphale de Guérard annonçant cette aubaine aux amis de la Nouvelle-Athènes !...

Plus d'un, par la suite, devait, faute de mieux, installer de la sorte, dans des boutiques vouées à quelque banal usage, l'exposition permanente d'œuvres, ou erronées, ou en avance, dont la vente confinait à la plus invraisemblable des hypothèses.

Une des anomalies de Montmartre, c'est de faire sonner haut

le nom de Pigalle, qui tenait à ce pays par des liens de famille,
mais n'y travaillait pas. L'édilité a trouvé ingénieux de grouper
autour ceux de Houdon, de Carpeaux, de Coustou, de Coysevox,
d'Etex, de Germain Pilon, qui furent de rudes ouvriers de la glaise.
C'est pour Montmartre un honneur inattendu. Il n'a que les mou-
leurs des échoppes Caulaincourt, il n'a point de sculpteurs. Une
exception, pourtant : c'est Carabin. A le voir passer, on le
croirait né sur la lande, imberbe, les cheveux longs, le gilet à la
mode de Bretagne : et c'est un gamin du cru. Mais violente-t-il la
règle ? Est-il sculpteur au sens étroit du mot ? N'est-il pas plutôt
un des maîtres-imagiers du temps jadis, qui ne savaient point de
matières rebelles, taillant le bois comme la pierre, fondeurs et
forgerons, ciseleurs et potiers ? Il fait ce qui lui plaît et que ce
qui lui plaît, apte à tout, curieux chercheur d'effets, sacrifiant

à la forme sans
complaisance
pour la grâce,
indépendant jus-
que dans sa tra-
duction de la
femme, qu'il
interprète en
mâle plutôt qu'en
amoureux.

La distance
qui sépare de la
rive gauche
Montmartre sans
sculpteurs et sans
architectes, sans
cénacle et sans
atelier classique,
s'accuse, chaque
année, au bal
des Quat'z'arts.
Cette fête origi-
nale se donne au
Moulin-Rouge ;
mais ses véri-
tables organisa-
teurs habitent de
l'autre côté des

ponts. Leur comité ne souffre qu'avec peine l'intrusion des indépendants. Montmartre y est représenté, mais à titre étranger, et
n'y a point la parole. On consent, l'hospitalité appelant quelque
gratitude, à ne pas oublier que le Moulin-Rouge, où l'on déploie

les bannières des ateliers, est au pied de la Butte. On invite quelques artistes du cru, mais sans empressement, ni spontanée camaraderie : on les tient pour d'autres gens, dans un autre monde.

De quoi ce monde se compose-t-il ? De dessinateurs surtout,
d'adeptes du blanc et du noir. Lepère — ce rude gars qui taille
le bois d'un outil sûr et large — a vécu à Montmartre. Et
vous, mon cher Vidal, après une courte infidélité, vers Montrouge, n'y êtes-vous pas revenu, un peu rebelle, toutefois, aux
us du lieu, à ses prouesses vantardes, aux tapages de ses médio-
crités ? C'est à Montmartre que *le Rire,* rénovant l'art oublié de la
caricature, a recruté sa phalange hilarante. Serait-ce pour être
mieux à portée de ses fonctions de rédacteur en chef, qu'Arsène
Alexandre a acquis à l'ancien Chemin vieux, rue Ravignan, une
maisonnette de mine avenante qu'ombragent les arbres d'un
ancien Tivoli. La châtelaine, habile à ordonner toutes choses, en
a fait un musée d'une couleur franchement révolutionnaire, au
milieu duquel, loin des platanes boulevardiers, le sagace et viril
critique, — ce doux que l'encre transmue en impitoyable, — dit ses
mépris et ses haines et la violence de ses admirations. Il n'en a
pas de plus sincère que pour la caricature; elle le fait rire aux
larmes. Sa porte est ouverte à Depaquit, Radiguet, Burret,
Métivet, Delaw qui a rajeuni, par une amusante verve malicieuse
et naïve l'image d'Épinal; Léandre, que *le Rire* a découvert et
qui n'a pas mis longtemps à conquérir la première place;
d'emblée, il s'y est assis, maître des ridicules accusés à vif,
avec son diable d'œil qui est comme le miroir aux déformations
grotesques, mais d'une justesse surprenante et devant lequel ne
défilent, qu'en tremblant pour leur prestige, les plus orgueilleuses
des célébrités. Gavarni est l'ancêtre, qui précéda, en ce lieu, ces
virtuoses du crayon, Gavarni, qui demeurait jadis, avec sa
mère, place du Tertre. Non moins que lui observateur spirituel,
mais parfois moins que lui conventionnel et uniforme dans des

croquis qui dépassent la portée d'une vignette, Somm, comme

l'auteur des *Lorettes*, et suivant les mêmes sentiers, dans d'élégantes et fines silhouettes, souligne les métamorphoses du
chiffon, les gestes serviles des Parisiennes que le caprice instable du goût modifie, les attitudes dont elles changent comme
de chapeaux et sans savoir pourquoi. Très à l'écart de la « tribu
des Longs Cheveux », de la rue Saint-Vincent, ce moderne
Lamésangère ne descend de son balcon du boulevard Rochechouart que pour se choisir, en retrait du tapage, une place où
le bruit des propos vains ne le détourne pas de ce vaudeville qui
se joue devant les vitres satiriques de son immuable lorgnon :
la vie de ses contemporaines.

Il est l'un des termes d'une trinité d'art qui comprend encore
Steinlen et Willette. A le bien voir, ils sont à peu près toute la
réputation de Montmartre. Si l'on prête à la Butte une vertu
artistique, si on la suppose, à tort, digne de mériter le nom
d'école, c'est qu'on suppose qu'elle engendra les Somm, les
Steinlen, les Willette, les Luce, les Chaillery, — ces deux-ci
rue Cortot, — les Toulouse-Lautrec, les Rivière, et qu'en retour
ils la couvrent de gloire.

Distinguons : il y a des peintres, locataires à Montmartre, et
qui ne jettent sur leur pays aucun lustre, car ils ne participent
pas à sa vie. Sait-on que Loustauneau demeura rue Rochechouart?
Que Tattegrain, quand il n'est pas à Berk, est boulevard Clichy,
comme Friant, comme Guillon, comme Humbert, comme
Eugène Feyen, comme Eliott, comme Benner, comme Damoye?
Que Brispot demeure avenue Trudaine, et le maître paysagiste
Trouillebert rue de Navarin ; que Lefèvre demeure rue Labruyère,
et Benjamin Constant rue de la Tour-des-Dames ; qu'Adhémar
Bellangé demeure rue Victor-Massé, Engrand rue Rochechouart?
Ils sont à Montmartre, mais que sont-ils pour Montmartre?

Willette, lui, c'est tout Montmartre. Il s'est cru propriétaire
à l'Ile-Adam. Il y vivait avec ses poules et ses canards, en fermier, les pieds dans des sabots, qu'il était de Montmartre quand
même. Il ne peut pas ne pas en être. La Butte et lui ne sont
qu'une même chair. Toutefois, il se passerait d'elle, non elle de
lui. Il lui est indispensable et elle lui doit le meilleur de sa
renommée. Il l'aime et la fait aimer. Il a permis de croire
qu'elle était quelque chose en la chantant par son crayon spirituel et mystique, — son crayon évocateur de symboles. Elle
est pleine des lys qu'il y planta, animée des pierrots ingénus et
pervers pour qui ses rêves meublaient toutes les auberges de la
Belle-Étoile. Elle est enchantée de la joliesse amoureuse de ses
pierrettes aux yeux d'or, fines d'attaches et les seins menus,

chattes métamorphosées en femmes. Et les moulins, qu'en a-t-il
fait, ce sorcier? Son esprit les hante. Nous les sentons vivre
d'une vie de sabbat, et nos yeux, depuis qu'il les a attirés vers
eux, ne s'en détachent plus.

Tout autre est Steinlen. D'abord il est Suisse, mais il n'a pas
l'ingratitude d'oublier ce qui manquait à son crayon balbutiant
lorsque son talent s'attardait aux imitations de ses devanciers;
il fut tous les autres avant d'être lui, se cherchant en eux. Lorsque
le chat, roi des attitudes, prince des gentillesses, captivait son
esprit, à peine possédait-il son métier, mais il suppléait déjà à l'apti-
tude incomplète, par le don d'observer vrai. Il l'allait appliquer
aux uniques sujets qui le pouvaient passionner : ces petits animaux gracieux, égoïstes et profondément simiesques que sont les
enfants. Il affectionnait ceux du plein air, race sauvageonne vers
laquelle la tendresse apitoyée de l'artiste s'élançait d'instinct. De
cette sympathie pour les types populaires, fortement accusée,
qui le gardait des fadeurs et des mièvreries, naîtrait un talent
robuste, croissant en puissance par la magie d'un crayon large,
vigoureux et gras.

Sans rival dans l'imagerie révolutionnaire — qui n'est pas
la charge parce qu'elle est le rire — mais parce qu'elle charge
sur les hypocrisies et les iniquités, Steinlen se plaît à Montmartre
où tant de modèles posent à leur insu pour lui. Mais au rebours de
Willette, il vit replié, dans son atelier de la rue Caulaincourt, tout
aux joies intimes, entre l'épouse et l'enfant — la jolie fillette vêtue
de rouge et casquée de cheveux, blonds qu'on voit sur tant d'affi-
ches disputer à des minets gloutons les succulences des produits
supérieurs. Steinlen est plus répandu de nom que de visage
dans son quartier. Il n'y passerait cependant point inaperçu. Il
est artiste par l'extérieur, avec sa barbe en pointe Henri II, la
moustache en bataille des matous. Son physique dénoncerait son
état, si même il se séparait du carton à poste fixe sous son bras.

On peut affecter un aspect encore plus peintre. Beaucoup y
tâchent qui n'ont peut-être du peintre que l'aspect. Le pantalon

est à la hussarde
étroitement serré à la
cheville. La veste est,
vénitienne d'intention,
en velours sombre, le gilet breton, de coupe sinon de couleur,
la cravate flottante. Cet extérieur se parachève par la canaillerie
d'un chapeau souple ; il auréole de sa circonférence aux bords
étroits et unis une tête que romantisent de longs cheveux.
C'est là le rapin fin de siècle et haut de butte. Il est sensible-

ment 1830. Murger, ce montmartrois né rue des Trois-Frères,
Murger, redevenu de mode, n'est pas étranger à cet amour

rétrospectif pour les pantalons de Schaunard et les vestes de
Rodolphe.

Les demoiselles de ces messieurs sont moins franches de style ;
la mode générale les influence. Elles combinent la toilette
de Mimi avec les rêveries décadentes des poètes symbolistes :
Byzance et la rue des Grès. Willy a disséqué ces péronnelles,
avec une fantaisie impitoyable, dans *Maîtresse d'esthètes*, peignant
une Ysolde qui croyait Botticelli un coiffeur quand elle arbora,
pour la première fois, les bandeaux qui allaient si bien avec sa
robe en popeline violette, sans taille sur sa taille sans corset.

Le signalement d'Ysolde ne correspond ni à l'esprit ni à la
figure de toutes les muses dont sont peuplés les ateliers de la

Butte. On y voit encore quelques jolies filles que la littérature n'a pas faisandées, qui ne sont ni wagnériennes, ni baudelairiennes, ni ibséniennes, sans contremarque à l'*Œuvre,* fort peu barbouillées de vernis mystique, et plus enclines à tomber dans le pot-au-feu que dans le snobisme.

Modèles par état, elles posent l'épouse par sentiment; unions libres et souvent courtes, dont la fantaisie prononce le divorce. On sait à peu près comment cela commence, on ne sait jamais comment cela finit. Tout a une fin, moins tels de ces romans en prose très plate. Le fâcheux, c'est que la beauté de la ligne passe avant l'habitude, et que la maîtresse survit au modèle. Seins que l'œil de l'artiste jadis caressa, où sont vos neiges d'antan?

Ces liaisons de peintres et de modèles étaient exprimées dans la Vachalcade de 1897. M. Grün avait conçu le char de l'Imagination. Un artiste gueux — dont le modèle prosaïquement coopérait à l'œuvre de la toile, en reprisant des draps, — rêvait les pieds sur son poêle. La divine déesse, la folle du logis, le touchait de sa baguette, et l'artiste extasié régnait dans le monde des splendeurs.

La Vachalcade! que de fois ce nom revient sous la plume dès qu'on parle de Montmartre. C'est une création qui lui est propre. On l'a trop louée, on en a trop médit. Ce ne fut qu'une idée de mi-carême, qui méritait d'être appréciée avec plus d'indulgence et moins de snobisme. Ce défilé, on le voulut, la seconde fois, isolé des fêtes carnavalesques; on lui assigna une place à part, plus en vue, afin que Paris, distrait par nul autre spectacle, fût tout à celui-ci. On avait rêvé une œuvre d'ensemble : on n'atteignit qu'à une théorie variée, heurtée, sans thème préconçu, démonstration imparfaite du talent de ses auteurs.

Le succès alla à un char de Rœdel figurant une mansarde que trois fillettes à la mode 1830, habitaient entre un pot de réséda et une cage à serin. L'une d'elles était la muse élue de Montmartre, une petite muse qui fit quelque bruit. A part Blanc, le compositeur, chef des chœurs de l'Opéra et Gabriel Marie, le chef d'orchestre, il n'y a guère de musiciens à Montmartre que Gustave Charpentier. Il y est populaire par des succès qui portent son nom bien au delà ; il y plaît par ses allures restées vierges de toute prétentieuse culture. Il proposa de faire un bout de musique sur la place Blanche en l'honneur d'une ouvrière que les suffrages de ses compagnes désigneraient. De jolies Montmartroises élirent, à la mairie, la brune Marguerite Stump, qui ne connut que dans une répétition générale au Nouveau-Théâtre, l'admirable poème, qu'en son honneur, Charpentier avait conçu.

Un personnage abhorré n'avait été prévu que comme figurant : l'huissier. Il réclama, dans ces compositions symboliques, une place moins décorative. La fête terminée, il se présenta au domicile des artistes, et parlant à leur personne, leur signifia que leur cortège était à ce point dans les nuages qu'il avait rencontré la lune, et, passant outre à l'obstacle, avait fait un trou dedans. Il appuyait sa démonstration de chiffres sur papier timbré ; et à ces besogneux qui avaient diverti gratuitement les badauds, réclama, pour factures impayées, quelque chose comme une douzaine de billets de mille. C'étaient des débitants du cru qui avaient manqué de parole, refusant de verser les sommes verbalement promises. Que firent les artistes ? Ils montrèrent en quelle estime ils tenaient leurs engagements et, donnant une leçon de probité à quelques idoines montmartrois, eux les réputés bohèmes, sans sou ni maille, s'empressèrent de payer les dettes d'autrui, en dansant au Bal du Déficit.

Leur en sait-on gré là-haut ? Mesure-t-on à son prix l'appoint de gaieté, de fantaisie, de verve que les artistes apportent dans leurs bagages ? Traitants et bourgeois dont les magots s'arrondissent du fait de la réputation de leur village, savent-ils bien que le Montmartre des cabarets et des bastringues, où la noce vadrouille, snob à son ordinaire, est né dans les ateliers de ces fous qui ont toujours une chanson contre l'ennui et un éclat de rire contre l'adversité?

Les Cabarets pittoresques

LES CABARETS PITTORESQUES

Salis a créé Montmartre, le Montmartre dont parlent ceux
qui ne connaissent pas l'autre, celui de la chanson et du
cabaret. Cette gaieté, là-haut, cette franchise, cette licence, cette
turbulente raillerie, ce vent de fronde qui rafraîchit les cerveaux
et fait, dans le rire, sombrer les colères, c'est l'œuvre person-
nelle de cet inoubliable fantaisiste. Sans à peine de tâtonnement,
par une sorte d'intuition, il a réalisé tout le factice éclatant de
cette vie. Le *Chat-Noir*, vision unique, éteinte et non surpassée,
a concentré, entre ses murailles, toutes les attractions, à présent
éparses dans ce qu'on nomme les « boîtes » qui pullulent sur

la Butte, et ne sont, du *Chat-Noir*, que la petite monnaie.

L'une lui a pris son décor, l'autre ses chansons; ici on retrouve ses ombres, ailleurs son spectacle littéraire; mais c'est comme un morcellement d'empire, — l'empereur mort. Salis, dans ses mains expertes, rassemblait tous les genres dont il était l'initiateur. Passer une soirée au *Chat-Noir,* dans le cadre pittoresque de la rue Victor-Massé, c'était, à la fois, jouir par les oreilles et les yeux; c'était vivre deux heures dans la magie et le rêve. La satire la plus exubérante comme la poésie la plus exquise, sollicitaient le visiteur, déjà charmé par la mise en scène de cette hôtellerie moyennageuse qui, dès la porte, ne se faisait point faute de se railler.

Sur un seuil, où l'on se fût attendu à croiser Villon — Colletet pour le moins — un avis charitable disait : *Passant, sois moderne.* Le passant étant moderne, salué par la hallebarde d'un suisse de cathédrale, pénétrait dans la salle Henri II, où la cervoise lui était apportée par des garçons de café vêtus en académiciens, cependant que le gentilhomme tavernier, seigneur de Chatnoir- ville-en-Vexin, et grand d'Araucanie, accueillait, avec un sérieux de cour, Leurs Seigneuries, en les invitant à redoubler les con- sommations ! Ce bric-à-bric de sensations, le temps seulement d'entrer, ce pot-pourri des siècles et des conditions s'amalga- mant dans un tout qui restait harmonieux, c'était la trouvaille géniale. Elle exigeait, pour donner tout son sel, la fantaisie outrée d'un acteur inlassable. Salis fut cet acteur; quinze ans sur la brèche, jouant le personnage hybride qu'il avait conçu, sous les yeux des deux mondes accourus, que son boniment supérieur a ravis et stupéfiés.

Le maître ce fut lui qui n'eut point de rivaux et n'aurait point de successeurs. Tout l'orientait vers une bruyante destinée où l'alcool se confondait avec le spectacle, les marionnettes avec la gentilhommerie, l'art avec le boniment. Il était fils de distilla-

teur, et de noblesse « authentique... que lointaine », disait Allais.
Un sien, capitaine des Suisses, aurait, à la foire, fait danser des
pantins. Salis le disait, on n'était pas tenu d'y croire. Sa famille
le fit commis en rouennerie, à Tours ; il s'évada du magasin pour
venir s'installer rapin à Paris. La vache enragée, dévorée à belles
dents au Quartier, le renvoya au pays natal à Châtellerault.
Entre temps, il s'était découvert une spéciale faconde qui le mé-
tamorphosa, du jour au lendemain, en Gaudissart ; il plaça des
boissons à l'aide de boniments. A son insu, il préludait à sa
gloire. Marié à une femme de tête, imposante et jolie, rare caractère à l'épreuve de l'adversité, il se disposait à aller avec elle
chercher fortune aux Indes. C'est le rêve de tous les conqué-
rants. Napoléon le fit avant Salis et ne le réalisa point, sa mission étant plus proche. En route pour les Indes, Rodolphe Salis
s'arrêta à Montmartre. Il y loua une étroite boutique dont il
tint les volets clos et s'en fit un atelier. Il peignit des chemins
de croix à la douzaine. Aubaine inespérée : un original lui com-
manda une illustration d'Edgar Poë ; sur l'une des toiles, un
chat noir méphistophélique se profila. On n'aurait garde de l'oublier quand l'atelier deviendrait débit. On buvait là, entre
copains, pendant le travail. L'atelier de Salis était devenu un
rendez-vous pour la verve des uns et la flânerie des autres. Les
poètes, cédant à une très ancienne manie, — elle remonte à
Homère et plus loin — disaient des vers ou chantaient. Salis
projetait d'être leur Mécène échanson.

Il n'avait pas, certes, inventé l'art de boire, et Montmartre,
devant qu'il n'y vînt, était déjà fertile en cabarets. La vigne n'y
mûrissait pas vainement. On se plaisait à vanter jadis le piccolo
aigrelet « de Montmartre, dont qui buvait pinte, disait le proverbe... évacuait quatre » ! Gérard de Nerval n'avait-il pas songé à
acquérir l'une des dernières vignes, vers le château des Brouillards ?
Il la voyait entretenue par ses soins : « J'aurais fait faire dans

cette vigne une construction lé-gère, écrivait-il, une petite villa dans le goût de Pompéi, avec un *impluvium* et une *cella ;* quelque chose comme la maison du poète lyrique. » Il cal-culait ce qu'il lui en coûterait. Ce qui jadis eût été cédé pour trois mille francs en valait déjà trente mille.

« Allons, faisait-il, avec une charmante mélancolie, je ne serai jamais propriétaire ! »

Où se buvait cette vinée dont voilà trente ans on ne parlait plus que de souvenir ? Un peu partout, mais surtout sur le ter-ritoire de l'Abbaye où les guinguettes avaient remplacé les cel-lules des nonnes, et dans les bouchons du mur d'enceinte dont les servantes étaient à tout faire.

Une auberge, place Marcadet, l'auberge de la Belle-Ga-brielle, semble dater de ce temps; ne vous y fiez point : c'est la chapelle des seigneurs de Clignancourt. De la messe qu'on disait là, il ne reste plus que le vin.

Une bande s'arrête, un jour, rue Saint-Vincent, à la masure d'angle de la rue des Saules. L'enseigne est cordiale : « A ma campagne ». Un certain De Salze tient ce bouchon qui se com-pose de deux ou trois salles exiguës et d'un jardin à l'italienne,

ombragé d'une treille. Des artistes sont parmi les commensaux
habituels. Ils barbouillent les murs, mais leurs pinceaux pares-
seux s'arrêtant aux ébauches, De Salze a acheté une toile sinistre,

qui représente le mystérieux Trop-
mann assassinant, la nuit, dans le champ Langlois, ses victimes.
Le tableau passe à l'état de légende; le cabaret devient le
« Cabaret des Assassins ». L'histoire s'oublie, le titre demeure.
Il est évocateur des horribles forfaits qui ont dû s'accomplir
dans la nuit des carrières. Ce bouchon isolé prend, dans les
mémoires, une teinte lugubre. Le Montmartre qui ne dévale
jamais de l'autre côté de la Butte, n'en parle qu'en tressaillant.

Les artistes ne sont pas dupes de cette réputation. Maîtres du lieu, ils y festoient. Le lapin qu'on y sert n'y est pas bicéphale et ne tombe point de la gouttière dans la marmite. Gill en témoigne qui peint sur un volet un lapin debout, s'échappant d'une casserole, coiffé d'une casquette de soie à trois ponts et portant en équilibre une bouteille sur l'une de ses pattes de devant. Un calembour tient lieu de signature à ce panneau. C'est le « *lapin agile* ». Le cabaret redevient plus souriant dans son invite, il est « le cabaret du lapin à Gill ». Lorsque Gill — qui a maintenant son buste et sa rue — mourut d'avoir peut-être trop noyé sa verve dans l'alcool, le père Salze trouva amateur du panneau ; il le céda. Une copie, faite directement sur le mur, est depuis tombée en poussière.

Ce père rustique des cabarets pittoresques a conservé sa physionomie primitive. Sa terrasse, sous les acacias, faisant face aux grasses verdures du cimetière et d'où la vue plonge, au nord, du haut de la rue des Saules sur des échappées de panorama, est intacte. Le cabaret est à présent cabaret-concert d'amateurs, où s'entendent, dans leurs œuvres, poètes et chansonniers. C'est le champ d'essai des jeunes qui n'ont de salaire que de se produire ; revuistes en espérance à qui Hippolyte Lyonnet, vieilli prodigua, en s'écoutant, de sentencieux conseils ; et qui apprirent de Ponsard le matelot, à tourner le couplet. Le patron interprète, d'une voix agréable, les auteurs qui fréquentent chez lui. Intarissable, de belle humeur, doux et avenant, il est l'époux d'Adèle qu'il trouva à ses fourneaux du temps du père Salze. Agent de publicité du concert des Ambassadeurs, et par là frotté aux artistes, il savait son Béranger sur le bout du doigt. En ce réjoui « cordon bleu », il devina la mère Grégoire, — au fond, la meilleure enseigne du cabaret, — l'œil aux casseroles, l'oreille aux invités ; quand ils sont satisfaits, au dessert, y allant elle-même, si peu qu'on l'en prie, de sa chanson.

Si le *Cabaret des Assassins* et du *Lapin à Gill* est, en date, le premier cabaret montmartrois fréquenté des artistes et décoré par eux, le véritable cabaret pittoresque, mais d'un pittoresque voulu et tout entier leur œuvre, précédant à Montmartre le Chat-Noir, est sur l'avenue Trudaine, la *Grande Pinte*, plus tard, l'*Ane Rouge*. C'est le débit qui renonce nettement à la parure de zinc et d'étain des comptoirs. Au décor à la Procope, blanc et or des estaminets, il oppose les vitraux, et se donne, pour retenir la clientèle convoitée, le chic du bric-à-brac des ateliers. Il ne veut de peintre que l'artiste peintre; il le met à contribution de petites toiles, d'œuvres personnelles qui voisinent sur les murailles dans un fraternel éclectisme. Il plaît à ceux de Montmartre, qui en oublient le Quartier latin, et volontiers musent dans ce cabaret où le père Laplace, par un décor intelligent, leur rappelle les « taches » de leur chez soi.

Le père Laplace n'était qu'un limonadier. Avant de venir à Montmartre il avait fondé, sur le boulevard Sébastopol, une taverne renommée, et qui avait réussi. La *Grande Pinte* ne fut que la même tentative faite dans un milieu qui s'y prêtait essentiellement. L'artiste estima cette métamorphose de son goût, et Laplace l'eut tout de suite pour client et pour ami. Cette amitié lui coûta peut-être même un peu cher. Il aperçut bientôt le fond de son sac. C'était un homme de ressources. Il se mit en tête de se refaire. Il avait remarqué sur le boulevard, au dessous des ateliers Stévens, le long d'une maison qui avait eu M. Delcassé, un futur ministre, pour propriétaire, une muraille inoccupée, il la loua; il y accrocha quelques croûtes, de quelconques ferrailles, et se fit brocanteur. Il n'y eut point sur le boulevard de boutique qui valût cette échope. Maintenant la *Grande Pinte* c'est l'*Ane Rouge*, ainsi nommé par Salis le jeune, brouillé avec son frère, que Willette avait représenté sous les traits d'un roux aliboron. Le chansonnier André Joyeux l'a débarbouillé de son bitume, ramené au blanc, illustré d'originaux. On y pianote, on y chante, la porte ouverte sur la

terrasse, coin aimé de la jeunesse lettrée et des artistes d'une génération que le père Laplace n'a pas connue.

Émile Goudeau, un après-midi, était assis à la *Grande Pinte*, une bande joyeuse fit son entrée. Le peintre René Gilbert s'approcha et lui présenta Rodolphe Salis qui lui dit : — Je fonde un cabaret artistique boulevard Rochechouart. Voulez-vous assister au dîner d'ouverture ? — Volontiers.

Émile Goudeau était l'auteur d'un volume de vers dont beaucoup déjà célèbres, et il avait fondé au Quartier latin Les « Hydropathes », cénacle littéraire, nettement éclectique,

qui avait vu défiler
dans un énorme
brouhaha de jeunesse,
tous les candidats à
l'immortalité. Le cé-
nacle à cette époque,
comme les feuilles nées
de sa substance, est
disparu. Un héritage est à recueillir, celui de
ces âmes en peine, errant sans se fixer, de sous-sol en sous-sol.
Salis, fin matois, y tâche en priant Goudeau d'assister à l'inau-
guration de son cabaret. Goudeau ira et y plantera, du premier
jour, l'enseigne du ralliement.

L'unique salle, où trente assistants sont à l'étroit, est accueil-
lante aux passants ; l'artiste jeune ou vieux en pousse volontiers la porte ; il lui est loisible de fraterniser avec les muses du
verbe ; tous les poètes sur le pavé sont accourus aux premiers
miaulements de ce chat hospitalier, aux yeux fascinateurs.

Clients par sélection, ils eurent le privilège de l' « Institut » :
l'arrière-boutique. On y faisait du vrai feu l'hiver, attention à
laquelle étaient sensibles les pieds crottés des coureurs de rimes.
Lorsque, de peu repus, ils étaient en verve, à la troupe des badauds, Salis les annonçait :

— Messeigneurs, du silence ! Le célèbre poète va nous faire
entendre un de ces poèmes pour lesquels les couronnes ont été
tressées par les nymphes dans les grottes de Montmartre.

Le poète descendait les trois marches, tel un dieu, et vaticinait.

C'était Georges Lorin, Fernand Icres, Decori, l'avocat, qui
disait des sonnets de sa composition ; Félicien Champsaur, que
la célébrité caressa éphèbe ; Marie Krysinska, Sapho infidèle
aux buveurs de la rue Racine, et dont plus d'un se mourait à
trop longtemps contempler la langueur voluptueuse de ses grands
yeux slaves ; le vif et disert Paul Marrot, parnassien qui s'huma-
nisait dans ses *Paradis ironiques ;* Clément Privé, de Marthold,
Camille de Sainte-Croix, Georges Rodenbach, joaillier minu-
tieux, fuyant le banal dans l'idée, le mot et l'image ; Ogier
d'Ivry, dont les furieuses charges qu'il menait, comme chef
d'escadron, rythmait les strophes.

Les gloires, c'était Gill qui ne dédaignait point, avec ses façons
de beau mousquetaire, de dire, de sa grosse voix, les truandailles
de la *Muse à Bibi ;* Charles Frémine, dont l'œuvre sentait bon
les pommiers de son terroir ; Paul Arène, l'amant de la Gueuse
parfumée, le dernier couché de la bande, par les rues aussi
longtemps que la lune ; devisant avec Ponchon et Bouchor, qui
devaient, égaux en maîtrise, suivre des voies si différentes :
Bouchor, sage comme Sully-Prudhomme, éducateur civique ;
Ponchon, la trogne enluminée, promenant dans Paris la verve
d'un Saint-Amant, qui aurait la philosophie d'un Rabelais.

Le rire, c'était Charles Leroy, père du *Colonel Ramollot ;*
Charles Cros qu'interprétait Cadet, l'un des trois Cros de la

lignée de Cyrano de Bergerac, des mystificateurs dont le génie s'alimentait au creuset de Paracelse, qui possédaient l'essentiel des sciences hermétiques, alchimistes qui pressentaient l'avenir du savoir humain ; M. de Villiers de l'Isle-Adam, dont la science était infinie, qui savait tout et encore autre chose, qui ouvrait, avec l'*Ève future*, une lucarne sur nos lendemains ; Maurice Rollinat qui, autour du piano que martyrisaient ses doigts diaboliques, le vendredi — jour officiel — avait son cercle d'admirateurs frissonnants. Né de Beaudelaire et d'Edgar Poë, avec des réminiscences de George Sand, la bonne marraine qui le berça, il chantait la nature, mais pour ses tourments, ses hantises et ses névroses. Ses passions se communiquaient à son auditoire. L'idée de la mort se mariait à ces franches lippées. Le pierrot que Willette, nouveau venu, révélait à ses amis, portait des couronnes mortuaires ; des basques de son habit sortait des revolvers chargés. Rivière se cherchait, accoudé sur ce piano hurlant, où passaient des visions de guillotine et de bières entr'ouvertes, et sa plume, inhabile encore, s'usait à tracer des cauchemars de cimetière, de lents corbillards processionnant. Haraucourt, dans sa *Légende des Sexes,* refaisait, saisi par cette obsession, grimacer, lubrique, une autre *Danse des morts.*

Le pittoresque se gagne ; on va de toutes pièces à l'imitation du Chat, créer un cabaret de théâtre. Ce sera l'idée du vieil acteur Mousseau, épousée par le limonadier Tomaschet, transportant sur la rue l'auberge dans laquelle il jouait à la scène. L'architecte sera un décorateur et le plan une simple maquette. L'imitation aussi parfaite que possible sera demandée aux usuels moyens d'un Lavastre ou d'un Rubé. Il n'y aura d'authentiques que les accessoires — et encore ; faïences de campagne, cuivres de chaumière, images d'Épinal. Quelques consommateurs seront naturels, on en trouvera de figurés ; certaine scène

notamment empruntée à *Robert Macaire* qui ajoutera, à l'auberge
pour rire, l'horreur d'un musée Tussaud. Point de vitraux là sur
l'avenue Trudaine, mais des fenêtres villageoises à petits rideaux

rouges. Et comme toute auberge appelle une enseigne, ce sera
le *Clou;* et le *clou* du *Clou:* les panneaux de Willette.

Salis à l'étroit, exaspéré par les tentatives d'incursion des
hautes casquettes de son trottoir, a conçu le plan d'une « hos-
tellerie » en harmonie avec l'impertinence hautaine de ses
rêves. Il l'a réalisé en grand secret, dans un immeuble loué
à Stevens, 12. rue de Laval, — rue Victor–Massé depuis, en
souvenir du séjour qu'y fit le charmant auteur des *Noces de
Jeannette.*

Le déménagement s'accomplit en grande pompe. Salis, qui
était monté autrefois au Moulin de la Galette, tout vêtu d'or,
se faire sacrer roi de Montmartre, étrennait un costume superbe
et préfectoral ; un orchestre le précédait ; un suisse, qui devait
rester en permanence à la porte, précédait l'orchestre. Quatre

garçons, vêtus en académiciens, portaient religieusement le
Parce Domine, première œuvre maîtresse de Willette. Le Chat,
fièrement botté, était son propre marquis de Carabas. Il allait

vers les destinées mondaines dont Guignol lui dirait le chemin.

A l'ancien Chat, on vit un soir, entrer un gros garçon rose,
bouffi et blond. Il but, fuma, se tut et partit. Il revint, et chaque
fois, pour écouter, boire, fumer et partir. Il arrivait de Lyon.
Un journal, en peine de collaborateur, l'était allé dénicher dans
une bourgade où il vendait de la mercerie ; à la longue, il
s'ouvrit, conta son histoire. Il était d'un flegme charmant et
s'appelait Auriol. Ce fut lui qui patronna Guignol sur un
castelet érigé dans un coin, pour les intimes. Mais aux marionnettes, l'exil est funeste et Guignol disparut, incompris.

Pour utiliser le castelet sans emploi et accompagner les
chansons, qu'entre amis, disaient Jules Jouy ou Mac-Nab, Uzès
découpa d'abord, en carton, les silhouettes de quelques contemporains, dont celle, surtout prisée, du père Grévy « qui n'avait

qu'un billard. » Rivière, au carton trop précaire, substitua le zinc. La chanson des *Sergots* contraignit à multiplier, par la perspective, les personnages. *La Ronde du Marchand de Chansons* amena Rivière à les animer. La féerie des ombres était créée, qui allait révéler un incomparable artiste, et, par le *Chat-Noir*, devenu un spectacle où il était du meilleur ton de se montrer, lancer définitivement Salis et Montmartre.

C'est de l'*Épopée* que date la vogue. Quelle première fut celle-là ! Les célébrités parisiennes, priées à domicile, étaient accourues, bien au delà des places disponibles ; les retardataires s'entassaient dans le couloir, dans les escaliers, consolés par Salis, onctueux et superbe, prodiguant ses « regrets, cher maître », ses « excusez-moi, mon gentilhomme ». Et Sarcey lui-même était là, venu en voisin, encourageant et si familier, qu'Alphonse Allais le baptisait tout de suite « notre oncle. »

C'était fini du castelet lyonnais. Le théâtre était transporté avec ses coulisses dans l'encadrement d'une fenêtre et machiné comme l'Opéra. Entre les mains d'Henri Rivière, cet art — avec la *Marche à l'Étoile*, de Fragerolles, à la voix si prenante ; l'*Enfant Prodigue, Phryné, Clairs de Lune*, — devenait toute la poésie de la nature, dans ce qu'elle a de mystérieux et de voilé. A ce trou d'aiguille, dans un paravent, il nous fit coller l'œil, et l'immensité nous apparut. Et nous vîmes se coucher les soleils, frémir les forêts profondes au vent frais du matin, s'étendre à perte de vue les vagues brûlées, onduler les plaines grasses sous la caresse des aquilons, s'enfler les océans, s'illuminer les veillées laborieuses des cités. — Épopées, légendes, visions : il fut le décorateur idéal des inspirations des poètes, — phallènes qui accoururent, pour leur propre gloire, à la flamme de cette lanterne magique allumée dans les ténèbres.

Entre-temps, les uns et les autres disaient des vers ou chantaient. C'était Salis, roi du bagout, qui, de sa robuste poigne, amenait à la lumière de sa rampe minuscule ces talents balbutiants, qui les produisait devant un auditoire que sa faconde éblouissait, qui hâtait leur éclosion et leur maturité par ce salutaire contact avec la foule. Ceux qui, réellement, étaient quelqu'un, eussent percé, artistes ou poètes, mais après combien de difficultés et de luttes épuisantes? Il leur offrit le tremplin de la renommée, et ce prestige, si attaché à sa marque du *Chat-Noir*, que des médiocres en bénéficièrent dans l'estime des gens du monde.

Un été, le *Chat-Noir* qui allait déjà en ville et gageait sa troupe, eut la fantaisie de se présenter aux provinciaux que la pruderie, à Paris, retenait de venir à Montmartre, mais qui grillaient de connaître les horreurs spirituelles dont le chef-lieu s'entretenait. Ses tournées furent triomphales. Salis en fit quelques-unes, puis aspira au repos ; il se retira dans le château de Nintré, gagné sur ses économies. Le *Chat-Noir*, sans lui, banal, s'étiolait. Il y revint, mais, brûlé par le régime du cabaret, ce ne fut que pour plier bagage.

Comme il déménageait, M. Jules Claretie passait. Il contempla, dans leur caisse d'emballage, ces bonshommes de zinc.

— Oh ! vous me reverrez, lui dit Salis, en touchant du doigt un de ces bataillons de grognards découpés par Caran d'Ache. La garde meurt et ne se rend pas !

Trois mois plus tard, le lendemain de la mort de Jouy, il se rendait. Il était tombé héroïquement sur la brèche, comme Molière, avec son dernier *juro*, lui, le créateur de l'autre « illustre petit théâtre ». Dans son *Roman comique du « Chat-Noir »*, le docteur Montoya a conté cette brusque fin en pleine tournée. Le pauvre mort n'était plus le mort en farce du boulevard Rochechouart, un jour, qui avait entendu, caché derrière les tentures, son oraison funèbre — pour rire. Autant valait ! les haines crevèrent, qui étaient un outrage à l'équité. Le fiel rigola à souhait le long de la Butte. Les vengeances posthumes s'acharnaient sur ce cadavre. Pourtant, d'aucuns qui l'outrageaient, à part soi, mesurant la stature de l'homme roux qui avait enfanté tant de réputations et, sous le nom de Montmartre, créé un Paris à côté de Paris, s'avouaient :

— Je ne le croyais pas si grand !...

La
Chanson montmartroise

LA CHANSON MONTMARTROISE

Avant le règne de Salis, Montmartre chantait. Marcel Legay
ne savait-il point de ces tavernes où son organe, encore puissant
sous une rouille précoce, était admis à ébranler, sinon la société,
du moins les vitres, en lançant à pleines volées des chansons
de bataille? N'y avait-il pas, à la ronde, vingt cabarets d'où on lui
criait : « Legay, *le Semeur !* » ou « Chante-nous, Legay, *Au clair
de lune* »? C'était une chanson d'un « petit gars » de ses amis
qu'il patronnait sur la Butte, frais débarqué du Mans, se doutant
peu que de Sainte-Pélagie, il renverserait du pouvoir le troisième
des Casimir-Périer. Le « petit gars » s'appelait Gérault-Richard

Le populaire Legay, musicien et chanteur, révolutionnaire par
habitude, qui n'avait de drapeau que ses cheveux, la nuit, était
son ambassadeur très extraordinaire dans certains cabarets
dont Paul Marrot aurait pu dire de la patronne :

> Ses seins, ronds comme une écuelle,
> Servent d'enseigne à la maison.

Le chansonnier était encore un personnage ignoré d'un
public qui se couchait aux heures normales. Gustave Nadaud,
dans les salons, chantant au piano ses propres œuvres, avait été
une délicieuse exception. L'auteur de chansons chargeait du
soin de l'interpréter les professionnels de café-concert et les
chemineaux des cours. S'il s'interprétait lui-même, c'était dans
des sortes d'académies chantantes, comme le *Caveau* et la *Lice
chansonnière* ; ou encore dans les goguettes.

Une d'elles existait, ancienne et réputée, au Marais, qui s'inti-
tulait : « La Lyre bienfaisante ». Aux prolétaires, ses habitués,
qui, à leur tour, lançaient leurs refrains de prédilection, venaient
se joindre les auteurs, accueillis avec une camaraderie admirative.

Le plus fidèle de ces visiteurs était un ouvrier émailleur cloi-
sonneur, Jules Jouy ; la petite presse tintamarresque avait encou-
ragé ses premiers essais. On ne faisait pas moins fête à Lemercier
et à Teulet, celui-ci d'agréable visage, doué d'un gracieux
filet de voix, gentil diseur des vers d'Hégésippe. Les habitués de
la goguette, essentiellement plébéienne, n'étaient pas instruits de
ce qui se passait dans les cabarets artistiques où s'hospitalisait
une nouvelle bohème si éloignée de la rectitude de leurs mœurs.

Jules Jouy, gavroche railleur et timide, était peut-être le seul
qui osât franchir le seuil de tels cénacles. C'est que le *Tintamarre*
lui donnait un vernis d'homme de lettres, qui lui permettait de
tutoyer, sous le nom de Pirouette, son collaborateur Coquelin
cadet. A l'heure de l'absinthe, il avait quelquefois, au

« Louis XIV », pris l'apéritif avec de réputés « M'as-tu vu? ». Noctambule par goût, et aussi par nécessité (car qui se couche doit avoir un lit). Il se rencontra avec Gill, dans des arrière-boutiques de boulanger, à cette heure et à cette époque uniques débits attardés où, breuvage bénin, le lait faisait taire les récla-mations de la dernière soif. Pour toutes ces références, il fut du flot des Hydropathes.

Les Hydropathes chantaient. Ils chantaient le *Noël* de Richepin avec la musique de Fragerolles, le *Chat botté* d'André Gill, la *Ronde du retour*, chanson hydropathesque : « Sans épates, sur leurs pattes, de retour ». Charles Cros énonçait les principes de l'art :

> La terre glais', c'est comme le homard :
> Une, deux ! quand c'est cuit c'est rouge !

La réunion ne se terminait point sans le chant national :

> Pour acclamer Grévy, le jurassique,
> Crions, Français : Vive Jules Grévy !

Jules Jouy fouetté par l'exemple, et qui faisait des chansons comme un pommier des pommes, chanta.

Il chanta encore, les Hydropathes une fois dispersés, au pre-mier Chat Noir, où il les retrouva. Sa chanson, c'était la vraie chanson sentimentale et peuple, toute en verve; si différente de l'œuvre lyrique et magistrale de Rollinat, — ce Pierre Dupont qui a lu Baudelaire. Lorsque le Chat Noir fut dans ses meubles somptueusement, Jouy caressa un projet auquel sourit Salis : ouvrir, les dimanches, dans les salles encore inexploitées du haut, une goguette authentique, où l'on convierait l'ouvrier, où chacun dirait la sienne, sans bégueulerie, où l'on ferait venir les chansonniers classiques. On apprendrait la route de Montmartre à la chanson populaire. Fallait-il, pour l'amener, reconstituer la goguette, avec son décor et son rite? Qu'à cela ne tienne, Jouy s'en chargeait. Il lança des invitations, fit des démarches. Le monde de la goguette vint, regarda, se sentit observé, moqué, s'enfuit de dépit et ne reparut plus. Tenté dans le sous-sol du *Clou*, l'insuccès fut le même.

La goguette ne devait pas réussir dans ce milieu sceptique :

elle appelle une naïve conviction qui manquait à ce public trop frotté de littérature.

Pourtant, à tels cabarets comme les *Rayons X*, rue Lepic, le plus « goguette » du genre, on voit accourir Mimi Pinson, disant la romance favorite dont, à l'atelier, s'accompagne le travail quotidien. Aux *Qual'z'Arts*, c'est Suzanne Darcel, habile à nuancer les vieilles rondes; Gavrochinette que découvre Lisbonne pour goualer le refrain rosse. A l'*Ane Rouge*, une fleuriste Ninon Berthier, sa journée faite, grimpe à Montmartre, où elle apporte, sincère et touchante, le répertoire de Jenny.

Malgré ces concours et ces bonnes volontés, la goguette n'ira pas à Montmartre, où, vers 1885, le bruit se répand de la venue

d'une chanson dont la formule semble neuve au tympan des
vieux goguettiers encore qu'elle ne fait que continuer de très

anciennes traditions. C'est Bruant qui la crée et, contre elle,
Nadaud lance la foudre.

Bruant, tout en poussant son camion de facteur au roulage à
la gare du Nord, s'était découvert un art de dire très personnel.
Il l'exportait bientôt devant la rampe, où on lui entendait dévider
ces scies : la *Puce* ou le *Mal de dents*. Puis, conséquence de

son passage sous les drapeaux, il hurlait à pleine gueule, arrangés par lui, les refrains de marche de son régiment. C'était un gars trapu, tanguant du torse, qui affectait un parler où l'accent du terroir le disputait à la canaillerie du faubourg. L'originalité dans l'allure lui paraissait de bon conseil. Il la cherchait dans ce qui frappe d'abord la foule et la prédispose à l'attention : le costume. Glabre et les cheveux longs, il portait haut sur des épaules robustes, un masque où il y avait du cabotin, du prêtre défroqué et du chouan. Il s'ingéniait à dérouter l'interrogation de qui pour la première fois l'apercevait, par les pittoresques détails de sa mise : bottes de moujick dans lesquelles bouffait un pantalon de velours à grosses côtes, gilet armoricain, petite veste et large feutre. Quand il eut jeté sur ce déguisement la note éclatante d'un cache-nez rouge et qu'il se fut assuré un gourdin au poignet, il sentit qu'il était à point. Il n'innova plus. Bruant *ne varietur :* il décida de mourir dans sa friperie légendaire.

Jouy, l'avait rencontré dans les sphères du café-concert. Il l'amena à l'ancien Chat Noir où son bagout opulent en apostrophes meubla les tardives veillées. Il « dégoisa » son répertoire, les pieds sur les tables, par ce besoin qu'il avait des planches. Ce répertoire, encore d'autrui, visait à la personnalité ; Bruant cherchait sa voie. Une chanson célèbre la lui indiqua.

Elle était intitulée *A Montmartre.* Elle avait pour pères Richepin, Tanzi et Maurice Bouchor. C'est l'histoire d'une belle fille qui se fait amazone sous la Commune « à Montmartre ». Elle passe cette époque de sang et de meurtre, « à Montmeurtre ». On la fusille, et elle dort, la bouche ouverte, sous un tertre, « à Montmertre ». Les auteurs ont-ils imaginé leur héroïne? L'ont-ils vue? N'est-ce pas elle que Sutter Laumann, auteur de l'*Histoire d'un Trente sous,* rencontra en 1871, rue de l'Abbaye, au coin du café Sergent? Une bande de femmes, le fusil sur l'épaule, la cartouchière au flanc, passa devant lui.

Une superbe créature marchait à leur tête, grande, svelte, coiffée
d'un chapeau tyrolien cocardé d'écarlate. Arrêtée à la barricade
de la rue Lepic, elle ouvrit le feu sur l'armée régulière.
Debout, audacieuse et provocante, sorte de Théroigne de Méri-
court, déjà frappée de démence et dont les soldats font une cible.

Ce qu'à cette chanson *A Montmartre*, prit Bruant, ce fut la
facture et le rythme. Ce fut l'obsession de lieu par la chute, à
chaque strophe, d'une rime géographique.

> Tout'jeune on la mit à l'École,
>   A Batignolle.

Change-t-il de quartier? la mise en scène sera la même :

> On l'appelait Toto Laripette,
>   A la Villette.

L'abus du procédé n'engendre point l'ennui. Dans ce cadre
emprunté, Bruant charbonne l'infâme silhouette des héros de
l'ignoble pègre et de la basse prostitution. Il traduit, dans un
argot, qui se rapproche du lieu, le cynisme de leur abaissement,
l'inconscience de leur abjection; et aussi leur espèce de cheva-
lerie. Il sait tout de ces drôles; le gain, les crimes et les
romans, et les coups de cœur et les coups de surin.

Il n'est pas si étroitement inféodé à sa formule qu'il ne s'en
évade parfois, heureux dans des ballades villonnesques d'une
franchise que le mot cru n'arrête pas, et d'une philosophie apitoyée, douce aux chemineaux, tendre aux humbles qui haillon-
nent sur le grand trimard.

Ce premier *Chat-Noir*, où Bruant attache à sa lyre des cordes
qui ne sont peut-être que de géniales ficelles, est voisin d'un de
ces cafés-concerts, volontiers prêt à accueillir ce genre de chanson,
qui l'accueille déjà avec Jules Jouy, avec Meusy, avec d'autres :
c'est la *Gaîté-Rochechouart*, beuglant de barrière, né en 1866, à
peine débarbouillé en 1872. Ça vivote des recettes du samedi et
du dimanche. Public de quartier, quand le quartier n'est que

faubourg, sans attaches artistiques. Le concert bénéficiera de la vogue lorsque le snobisme aura inscrit, entre les mardis du Français et les vendredis de l'Opéra, un jour pour Montmartre. L'ancien public n'abandonnera point le fauteuil de moleskine

rouge de son concert de prédilection, mais il lui faudra se serrer pour des dames très chic et des messieurs très bien, qui partageront, aux stalles, ses prunes à l'eau-de-vie. *Si qu'on irait?* revue centenaire, déplacera l'axe des rendez-vous et, patronnée par les millions en débauche, portera ses auteurs, Victor de Cottens et Paul Gavault, d'un seul bond, aux Variétés.

Salis ayant quitté le boulevard Rochechouart, Bruant lui succéda dans une installation sommaire; cabaret à l'enseigne du Mirliton qui visait à paraître borgne et n'y parvenait que trop.

On avait inauguré là des mœurs dont l'étrangeté faisait toute la saveur. La clientèle participait à la chanson que Bruant ne lançait jamais qu'à son heure, et les bottes sur les tables, culbutant les verres à demi pleins d'une bière aussi amère que sa philosophie. L'inattention ou la critique étaient rabroués en langue verte, et c'était, en l'injuriant, que le cabaretier stimulait le zèle des choristes de bonne volonté, ses clients. La violence de l'accueil, sa brutalité discourtoise, l'insolence sautant à la gorge des entrants ahuris et déconcertés, faisaient de ce cabaret un spectacle unique. Au milieu de quelle bande tombait-on ? De quel festin de gouapes était-on les trouble-fête ? Sous les huées équivoques, on cherchait la place libre, le refuge où le dur regard de Bruant suivait les égarés, les apostrophait d'un ton vite glissé au tutoiement — ce signe de l'égalité de tous devant les mœurs de mauvais lieu. « Què que tu prends ? Elle est gironde, ta gonzesse. Mais quoi qu'elle a à faire sa gueule ? »

Se fâcher ou rire ? On riait. Être de la meilleure société, ne connaître que la délicatesse des hommages, et, parce qu'un soir on s'oubliera dans un bouge, se voir souillé d'épithètes qu'à peine on soupçonne ; ce n'est point banal. Certaines grandes dames y trouvaient le frisson nouveau. Bruant, à ce commerce, s'enrichit. A gratter le cabaretier-poète, on eût retrouvé le paysan retors. Quand le magot fut assez rond, en Normand qui, jusqu'au bout, finasse, il légua à de médiocres doublures le soin de perpétuer, dans son cabaret aux vitres chassieuses, rapiécées de vieux journaux, le souvenir de sa forte muse.

Le café-concert, mis en parallèle, était, la prévention aidant, déclaré inférieur à l'art du cabaret. N'exagérons rien. Ses fournisseurs attitrés sont la plupart de ces chansonniers de la Butte qui, sans changer un hiatus à leur manière, font florès.

La chanson a ressuscité les bastringues. L'acteur Scipion, dans le bal du Grand-Turc, a installé la *Fourmi*, économe en ses atours, qui, deux ou trois fois, décida les Parisiens et les dérida.

Un autre acteur, Nunès, de la Boule-Noire fondait la *Cigale,*
que Paris adopta et enrichit. La Cigale ayant chanté tout l'été
et tout l'hiver se trouva pourvue, quand la bise fut venue,

d'un délicieux abri dont
la perle était un plafond
de Willette. Elle cultiva la revue de fin
d'année avec beaucoup de petites
femmes. Comme elle faisait bien les choses et que les petites
femmes étaient très onéreuses à habiller, la *Cigale* les habilla
le moins possible et personne ne s'en plaignit.

Mais on ne vit point là de chansonniers dans leurs œuvres.
La *Cigale* ne s'en porta que mieux. Les planches sont inhospi-
talières à l'auteur trop étriqué, dans ce cadre vaste et clinquant.
Il y est perdu ; son chez lui, c'est la petite scène, le guignol. Son
prestige c'est la chanson dite à la bonne franquette, à côté d'un
piano, devant un défilé d'ombres, comme au *Conservatoire de
Montmartre*, si juste à sa mesure. Un curieux décor que ce

cabaret, réminiscence de la vieille abbaye. Longtemps, les Mévisto, pierrots tragiques, y mimèrent les tortures humaines.

mais ils étaient acteurs, au rebours des chansonniers, et cette intimité les étouffait.

Tous ces cabarets n'étaient qu'un rayon de la gloire du *Chat Noir* où Jouy, pour une autre formule, avait quitté la goguette. Avec Mac-Nab, comme lui classique fils du caveau, il avait ramassé la fronde et la marotte, tombées des mains de Charles Gille, de Désaugiers et de Colmance, et rajeuni l'ancien pont-neuf.

Mac-Nab, employé des postes, s'occupait à l'administration centrale à dépouiller les lettres au rebut. Miné par la phtisie, maigre et long, dans sa redingote longue, comique par son immuable sérieux, quand il chantait d'une voix blanche, qu'un zézaiement faisait ingénuc, il levait ses mains osseuses avec des gestes de bois. Impassible, comme à lui-même étranger, il disait les *Derrières froids*, les *Fœtus*, les *Poèles mobiles*. Bagage apporté du Quartier fleurant l'odeur des salles de gardes. Montmartre, en cet ironiste, qui continuait la vraie tradition de la chanson, cultivait un satirique. Et ainsi naissaient, sous le coup des événements : l'*Expulsion des Princes*, discours si étudié et si vrai de l'anarchiste simpliste ; le *Meeting du Métropolitain*, peinture bouffonne d'une réunion publique ; le *Bal de l'Hôtel de Ville*, injuste caricature des fêtes du peuple, qui n'en faisait pas moins dire aux détracteurs de la démocratie : « Dieu ! que c'est ça ! ».

Mac-Nab ne flattait pas les goûts conservateurs de son auditoire dans le projet d'être applaudi. D'esprit discipliné, employé méthodique, fils de la bourgeoisie, nourri de la haine des révolutions, il n'exprimait qu'honnêtement sa pensée. D'autres viendraient qui, sans conviction que de plaire, ne mettraient en couplets que les rancunes et les mépris d'autrui. Cultivant la réussite, ils auraient pour opinion celle des bravos payant, d'un geste las, la condescendance servile de leurs couplets.

Le spectacle du Chat Noir était court : les entr'actes longs. Les chansonniers les occupèrent. Jules Jouy avec les *Sergots*, la *Briguedondaine*, son frissonnant *Gamahut, Mademoiselle, écoutez-moi donc*, les *M'as-tu vu?* Le premier, il avait, contre l'Élysée, tourné sa fronde et prêté des ridicules aux gouvernants. Enclin au calembour et à la parodie, envisageant les événements d'un œil de vaudevilliste, rapide à tourner le couplet, souvent cocasse, prud'hommesque parfois, si improvisateur que toutes ses « chansons de bataille » de la période boulangiste, j'en ai les manuscrits, ont été écrites à main levée, sans à peine de ratures, comme par un journaliste, en courant, son article d'actualité.

Le Chat Noir devint une scène où se produisirent des talents mineurs. Leur réputation jusque-là, s'était restreinte à quelques rangs d'amis. Les chansonniers, dotés d'une voix passable, qui, de loisir, après les travaux de la journée, se répandaient dans les petites sociétés lyriques, se firent admettre du cénacle. Ils ne faisaient encore de la chanson qu'un délassement. Victor Meusy, employé au chemin de fer de l'Est, ne modifiait, par nulle bizarrerie, l'extérieur qui décelait cette condition ; soumis continuateur des aînés du genre et parfois leur rival. Il disait, sans pose, les *Halles* où passait l'ombre de Désaugiers ; les *Quais*, fraîches aquarelles parisiennes ; les *Fortifs*. Mais les bravos étaient pour celles de ses chansons écorchant sans malice, édiles, députés, politiciens. Pour cultiver cette note, mais plus âpre, plus exaspérée, le rire aigu faisant blessure, Ferny quitterait le notariat. De tous ces diseurs de tréteaux, le plus incorrigible, ce Ferny, au facies méphistophélique, l'œil hardi derrière le lorgnon, campé les mains dans les poches, la diction brève et saccadée, pince-sans-rire qui se gargarisait de ces satires dont la cible était le pouvoir.

C'est la cible de tous ces jeunes, que Salis convie à chatouiller une clientèle qu'il suppose peu satisfaite des institutions existantes. Cette blague du monde officiel sera le thème exploité par cet autre admirable railleur Fursy, du *Tréteau de Tabarin*. Journaliste comme Bonnaud, comme Millanvoye, de sa souple plume il fait ce qu'il lui plaît, et des chansons quand c'est la mode. A disserter gaiement sur les sujets de circonstance, il a gagné l'avantage d'être plus libre dans l'à-propos. Il a, sur les autres, d'être prompt, et de deviner, entre les événements, celui qui prête et porte. Affranchi des devoirs de la poésie et de la tyrannie des belles-lettres, il rime de verve sur des airs faciles et bien appropriés, des chansons dont il est satisfait, qu'il chante satisfait, la bouche fleurie, et l'œil pétillant de malice ; et que, satisfaits, on écoute parce qu'elles sont franches et franchement gaies. Il les annonce lui-même, d'un trait qui a vite fait fortune : « Chansons

rosses ». Elles sont dignes du vrai Tréteau de Tabarin, diverses
et nées du matin, avec l'événement qui les provoqua, satiriques

et spirituelles,
enfin notre an-
cienne mazarinade retrou-
vée. Un certain cabaret du
Tambourin, fondé par un modèle, rue Rochechouart, est
devenu, sous le vocable des *Quat'z'Arts*, une goguette qui
végète et va mourir, quand un des habitués, Trombert, s'offre
de le ramener à la santé. C'est un bon gros homme, dont
l'extérieur fait penser à Balzac agent théâtral et manager de

tournées en province. Il a ce qu'il faut de psychologie pour s'entendre en affaires. Il se compose une troupe des transfuges d'ailleurs ; mais il a ses créatures. Il a deviné Fragson qui, au

piano, prête à une diction claire l'acidulé d'un bonbon anglais. Il a découvert Yon Lug dans un caveau lyonnais. Tel il le trouva, tel il l'a amené, tel il est resté : l'aspect d'un faux christ brun qui se serait voûté, à rétamer des casseroles, à l'ombre des roulottes. Il change tout au plus — et peut-être — de chemise. Il a toujours ses mêmes cheveux, sa barbe en fleuve, sa cravate molle et ses refrains lents comme des mélopées : « Oh ! purée ! » Tous les chansonniers passèrent en ce cabaret — le plus vraiment chantant de toute la butte, où la jeune peinture tient ses assises, expose ses toiles, invente ses fêtes — la Vachalcade —, et sur le mur griffonne, par feuilles volantes, le journal de ses fantaisies. C'est aux *Quat'z'Arts* que, rappelant Brizeux, un Breton, Théodore Botrel, ramène les sceptiques vers le parfum pénétrant et sain de la fleur des landes ; la rue apprend de lui la naïve et tendre *Paimpolaise*. C'est là encore qu'avec une maëstria du rythme que n'égale que sa diction, Xavier Privas chante les *Thuriféraires* et le *Noël de Pierrot* — petits chefs-d'œuvre par la forme et l'image. C'est aux *Quat'z'Arts* que Lemercier écrit la première revue dans la salle, agréable tradition reprise par le jovial Sécot, qui attend sa retraite honnêtement sur un rond de cuir, en rimant des couplets bienvenus dont on ne saurait toujours dire qu'ils sont plus salés qu'ils n'ont de sel. Un type d'une curieuse originalité, sympathique entre tous, de Sivry, est le pianiste de ces rapsodies : talent de premier ordre attardé dans la camaraderie du cabaret.

Les poètes se confondaient aux chansonniers, aux Quat'z'Arts aussi bien qu'au Chat. C'était Goudeski qui mettait en vaudeville la *Légende des siècles*. C'était Jehan Rictus (Randon), qui déclamait les *Soliloques du pauvre :* plaintes d'anarchistes pour public bourgeois, que la grande critique égala aux œuvres des maîtres. C'était Gabriel Montoya, d'un voluptueux sentimentalisme, riche d'une voix amoureuse, infidèle à la Faculté où il avait pris ses grades de docteur, pour venir à Montmartre, tenir la place d'un autre Elleviou. Les harmonieux soupirs ! Et qu'avec *Tes yeux* ou l'*Éventail*, ils les laissait pâmées, les auditrices du grand monde, dont les suffrages parfumés lui étaient si doux. C'était Delmet, pour la musique, son rival dans l'admiration des femmes, compositeur dont la muse toujours en veine, avait de gracieux soupirs. C'était Vincent Hyspa, lâchant Cujas, bouffon d'une ineffable sérénité ; Armand Masson, apportant des bureaux de l'Hôtel de Ville, où il était expéditionnaire, de courtes pièces rimées, dignes des futures anthologies. Maurice Donnay s'évadait de la boutique de son patron, pour donner les prémisses d'un esprit ingénieux et délié dans des poésies qui avaient le tour des mots de la fin.

Chanter en public, pour le chansonnier, était une manière de se produire et une distraction; cela devint un métier. Il fut parmi les plus lucratifs. Il nourrit son homme et le désaltéra. Salis a table dressée où biberonnent les irréguliers d'Apollon. On est nourri, on va être payé. C'est d'abord la pièce de cent sous. On ira jusqu'au louis. Donnay pour dire *Phryné*, recevra un traitement de sénateur, qui le changera de son maigre mois de commis chez un marchand de fer. On verra apparaître à son col les premières cravates sensationnelles; mais il n'aura pas encore le tailleur de grand chic qui, avec une maîtresse, femme du monde et mariée, est l'idéal de ses vingt ans.

L'*Élysée* transformé, en *Trianon*, aux plus célèbres d'entre eux, trop tard, fera un pont d'or.

21

Ils accepteront d'y passer et connaîtront des appointements mensuels de douze cents francs — et le désappointement de ne les toucher que trois fois. Le public ne partagera point l'enthousiasme de l'impresario. Sur la scène, faite moins pour ce qu'on y dit que pour l'art de le dire, les chansonniers seront les rivaux malheureux des professionnels. Le décor éclipsera leurs redingotes, leurs petits gestes, leur esprit menu qui, tombant à leurs pieds, ne dépassera pas la rampe.

Un chansonnier allait pourtant devoir une belle chandelle au café-concert, et, sans y monter, en faire son tremplin : Xanroff.

La chose se passa au *Divan Japonais*, chaussée des Martyrs. Tabagie et cabaret de marins ivres, où le spectacle était dans la salle, experte en cris d'animaux. Elle en faisait l'accompagnement obligatoire des chansons du cru. Mais voici qu'un soir, comme les autres jetée en pâture aux bêtes, une femme paraît, chanteuse sans réputation. Elle affronte le tapage de cette foule aux sottises débridées. Elle chante, sa voix prenante perce le tumulte, le domine, le dompte. Le gros rire qui bafouillait des turpitudes se tait ; la bêtise écoute. Des « chut » énergiques ordonnent le silence aux dernières fanfares de l'ineptie. La niaiserie subjuguée se confesse vaincue dans un orage de bravos.

C'est une inconnue, elle se nomme Yvette Guilbert.

Elle a fait un joli chemin, la débutante du *Divan*, non sans volonté. Son talent d'interprète avait sa source dans un don d'observation sagace, une intelligence éveillée et prompte, Elle s'était bâti un répertoire qui correspondait à ses moyens originaux, à sa science de la diction. Elle avait trouvé ses auteurs, où le concert ne les allait point chercher. La première, elle amenait Xanroff à la scène. Trait d'artiste qui distinguait le plus brillant parmi les jeunes qui mettaient la vie en couplets. Et quelle vie peignait Xanroff, qui avait ses pénates d'étudiant au « Boul' Mich ! »

La vingtième année, dans sa candeur immorale, était toute sa muse. Elle l'amenait à exprimer l'ineffable bohème en des petits vers dont l'esprit faisait excuser la licence. Souvenirs du bahut, de l'école ou de l'hôtel — « l'hôtel du numéro trois » ; amourettes du Quartier, sans jalousie ni pudeur ; amantes à tu et à toi — et à tous ; mœurs de l'âge où l'on n'en a point. Il fut le chantre indulgent et ravi des félicités au rabais. Sa philosophie, pour courir d'autres pays, ne prit point de sévérité et trouva quelques prétextes à se divertir dans l'hypocrisie des adultères bourgeois. L'œuvre chansonnière de Xanroff est un ramassis de courts chefs-d'œuvre. Yvette, qui n'était point sotte, s'en aperçut, et retenez ceci : sans qu'on le lui soufflât.

Le chansonnier dans ses œuvres fut, après ces triomphes, un produit demandé. L'état avait du bon. Ceux du *Chat Noir* allèrent en ville, puis dans la haute société du quartier de l'Étoile, dans les ambassades, aux fêtes officielles. On les pria dans les ministères, où leur verve politique amusa ceux qu'elle écorchait : le politicien est fait à l'outrage. Ils mirent des habits noirs et des gants blancs. Ils touchèrent des cachets. Ils se frottèrent aux étoiles — étoiles eux-mêmes.

Illusoires avantages. Quand il fallait venir à Montmartre, la satisfaction de les entendre se doublait du plaisir de les avoir cherchés. L'amusant, c'était moins peut-être leur talent que le voyage. On courait à eux comme à une débauche. Le fruit sauvage qui serait boudé au dessert, rencontré par les chemins, fait les délices de la gourmandise en maraude.

On n'alla plus voir au cabaret ceux qu'on rencontrait dans le monde, aussi élégants que des ténors, mais chantant moins juste. On ne se dérangea plus pour des gens qui se dérangeaient. Ils n'étaient plus drôles, n'étant plus bohèmes, mais réguliers, frondeurs sur mesure, ironistes sur commande, domestiqués et tarifés. Isolément, on en eut vite fait le tour. Les plus célèbres

vivaient sur un vieux fond de succès que leur paresse ne renou-
velait pas et dont, à la fin, on était rebattu. La décadence s'indiqua. La chanson montmartroise, n'ayant que peu enrichi le
trésor de la chanson, tomba à l'arrière-boutique, au déballage.
On rencontra de-ci de-là, des troupes errantes, épaves d'une
vogue passée, qui donnaient la pénible impression d'un article
défraîchi, d'un art en solde...

Les Forains de la Butte

LES FORAINS DE LA BUTTE

La Butte a ses forains. Lisbonne est leur patron.

Maxime Lisbonne, ex-colonel de la Commune. Galonné, empanaché, la tunique ornée de ces larges revers rouges que les costumés du dix-huit mars avaient empruntés à la Révolution. Écharpé de rouge, botté et éperonné, avec des pistolets à la ceinture, caracolant sur un cheval fougueux, Lisbonne, pendant l'émeute, fut superbe. Il fut quelque chose de plus : cabotin prenant au sérieux son rôle, il fut intrépide. Une balle corrigea son ridicule en le faisant héroïque; il en a gardé une marche claudicante, une marche de vieil invalide. L'insurgé étant aboli, l'impresario s'indiqua. Il donna la comédie à ses infortunés frères d'armes; il monta le premier théâtre qui fut sur la terre canaque. L'amnistie interrompit cette exploitation; il la reprit à Paris, qu'il eut tôt fait d'emplir de son esbrouffante personnalité.

Décidé à ne point passer inaperçu, l'ex-colonel, que la revision des grades avait fait descendre au rang de simple forçat et l'amnistie à celui de simple citoyen, ne se résigna pas à cet effacement. Il adopta un costume. Il laissa croître, nouveau drapeau de ses revendications libertaires, ses cheveux; il les coiffa d'un bolivar cylindrique à bord plat, confectionné sur ses plans. Il adopta le veston, le pantalon à la houzarde et la cravate de soie noire flottante. Sa boiterie mit à sa main une canne inamovible. Le passant le plus distrait ne pouvait manquer de dire : « Quel est cet homme? » hésitant entre le rapin hirsute, le marchand de pâte à rasoir ou le photographe ambulant. Sa popularité en s'imposant fixa ces doutes. Il se hissa aux tribunes des réunions publiques, où il apparaissait à l'heure des furieuses mêlées; il en dominait le tumulte par de beaux gestes imités des Conventionnels. Il secouait sur les assemblées son éloquence toute en couleur et sa tignasse : c'était effrayant. Il avait la motion ronflante et la proposition inattendue, quelquefois assez farce. Et bientôt Paris qui s'en était alarmé, s'amusa de ce foudre d'émeute, dont tout l'art était de parodie.

Le cabot chez lui survivait à tous les avatars, en admettant que tous ces avatars ne fussent pas une conséquence du cabot. Il dirigeait les Bouffes-du-Nord; puis, innovant dans un genre qui devait faire florès, il édifiait à Montmartre, sur un terrain vague, à l'angle de la rue des Martyrs et du boulevard, la *Taverne du bagne*. Des gardes-chiourme, dans un hangar sinistre, aux consommateurs servaient des bocks dits « boulets ». On pouvait toucher des fers qui avaient été rivés sur des chevilles, et des chaînes que des membres endoloris, sous l'implacable soleil calédonien, avaient traînées. Des tableaux répétaient les célébrités politiques du bagne. Maroteau mis aux fers, Trinquet sur le chantier, Alphonse Humbert sous la livrée et coiffé de ce bonnet infamant qui ne put déprimer un esprit resté large et fraternel, sans haine pour ses accusateurs et ses bourreaux.

Lisbonne n'est pas homme à s'acharner sur le succès qui s'épuise. La vogue foraine est courte, c'est un inconvénient. Lisbonne l'annihile par la fertilité de son invention. Il quitte le Bagne quand la foule des badauds le quitte, et vend des *Frites révolutionnaires* qu'il garantit à « la graisse de bourgeois ».

A vendre des pommes de terre et à ouvrir des bagnes, Lisbonne s'est fait de jolies relations dans la haute société. Les joyeux fêtards prisent le charme de son commerce, l'imprévu de ses saillies, la facilité de son tutoiement. Ils lui permettent de relever de ses ruines le « Divan Japonais ». Jehan Sarrazin, qui y a mangé jusqu'à la dernière de ses olives, a repris son baquet et court, assisté d'émissaires, les brasseries, de table en table : « Qui veut des olives ? » L'ancien bouiboui est à terre. Une salle plus avenante est sortie des platras. Lisbonne est monté sur les planches, compère de ses revues, lançant de sa voix qui gratte comme un tord-boyau, des couplets qui sifflent entre les larges brèches de ses dents.

Que se murmure-t-on à l'oreille avec de petits airs entendus ? Qu'a-t-on à se hâter chez Lisbonne où les loges font prime ? Une femme sans linge ni beauté, figurante de misère, grêle fleur de Paris, qui n'a que le charme de sa fraîche éclosion, et qui se nomme Cavelli, tous les soirs se déshabille et se couche. C'est tout ? C'est tout. Elle se dévêt comme une personne qui serait seule, elle fait tomber avec le plus parfait naturel ses ajustements, et en chemise, blottie dans le lit, éteint la lumière. Cela s'appelle le *Coucher d'Yvette*. Le piquant est dans cette nuance : chez soi on voit ce spectacle, au théâtre on en est le voyeur.

Ce fut plus qu'un succès, ce fut un délire contagieux. Une foule de personnes expertes à cet exercice savaient, pour le pratiquer, que c'était une profession. La scène leur révélait que c'était aussi un art.

Le chansonnier Habrekorn, en succédant à Lisbonne, le

leur persuada, dans la poésie pâmée de ses *Chansons sensuelles*,

Lisbonne ne restait pas inactif, forçat du devoir, il ouvrait le *Casino des Concierges*. « Le Casino des Concierges ! murmura quelqu'un. Alors, toujours le bagne? ».

Rue Pigalle, on arrivait devant un immeuble clos. On tirait le cordon ; un pseudo-pipelet ouvrait une porte donnant sur une salle dont la splendeur rivalisait avec celle du Père Lunette. Les entrants étaient interpellés dans un style de portier qui n'a pas reçu d'étrennes. On chantait. L'inédit était affaire à Gasta, Dangeau de l'immonde, dont l'œuvre, qui n'est pas sans intérêt, est une contribution à l'histoire des mœurs galantes de ce temps. Habile en puffisme, Maxime Lisbonne eut sa voiture, un fiacre crapuleusement peint en rouge, et une diligence, guimbarde préhistorique dont le trajet s'accompagnait de musiques diverses.

Les gens du monde se plaisent à varier leurs délicats plaisirs. Quand ils eurent assez des avanies qu'en guise d'apéritifs l'ex-colonel leur servait, le *Casino* resta abandonné à une clientèle moins fructueuse. Il changea de titre, non d'habitude.

Un individu, qui se faisait appeler Alexandre, et qui se nommait Leclerc, se cherchant une personnalité, avait emprunté celle d'autrui. Un matin, Montmartre se réveilla avec surprise : il avait deux Bruant. Le chansonnier s'était suscité un Sosie. Cet imitateur avait tout pris au premier : ses bottes, sa veste de velours, son large chapeau auvergnat, sa cravate rouge ; il ne lui avait laissé que son talent. Mais l'illusion était suffisante pour les badauds qui vont sur la foi du costume. Au *Casino,* devenu le cabaret *Bruyant*, provinciaux en ballade, ou badauds faubouriens, s'égarèrent, persuadés qu'ils avaient, en face d'eux, le maître du genre. Comment ne s'y point tromper ? Le cabaret était borgne, l'accueil cinglant et pimenté d'injurieuses épithètes.

Bruant se fâcha. Un procès s'engagea, épique. La neuvième Chambre jugea qu'un fond de culotte est un fonds, et que la marque de fabrique commence au foulard. Le cabaret n'en persista pas moins dans sa contrefaçon.

Un bock de treize sous y donne la joie d'ouïr le patron du lieu, ou des gigolettes, accoutrées comme des pierreuses, pierreuses peut-être.

Une brune, la cigarette aux lèvres, monte sur les planches ; seize ans, jolie fille, fraîche encore et pas la dernière, puisque ayant à choisir entre le vice nomade et la régularité, elle est là, astreinte à un service, artiste ou y tâchant, fière des cent sous qu'elle gagne. Elle se rengorge devant l'auditoire qui la dévisage. Elle sourit et sa bouche n'est point sans candeur. Elle dit ce qu'elle va chanter. C'est une chanson de Gasta ; elle lance le titre, très simplement : *Je sens que je deviens vache.*

Si douces que soient les émotions éprouvées en un tel lieu, il faut sortir : « Un départ, » glapit le maître. Et les voix avinées s'élèvent, bénévoles, qui braillent le bonsoir du bouge : *Tous les clients sont des cochons, la faridondon, la faridondaine ; surtout les ceusses qui s'en vont, la faridondaine, la faridondon !* « Un ban : Une, deux, trois. » Et c'est en chœur, le mot de Cambronne sur la porte qui se referme.

Où va-t-il ce client bafoué ? Au *Champ de foire ?*

Qu'il ne s'y fie pas : c'est le titre trompeur d'une boîte au décor forain qui n'a pas réussi, et où Séverin, le mime, doit

plus tard faire revivre l'art puéril et charmant des anciens funambules.

Quel entresort aguichera la curiosité de ce promeneur en débauche ? Sur le boulevard Clichy, une façade noire le sollicite, où brille un falot verdâtre, projetant sur le passant sa lueur cadavérique ; c'est le Cabaret de la Mort : le *Néant*.

A la foire, l'emprunt est ici direct. Quand les bateleurs, sous les arbres dressent leurs tentes ; que les fourneaux s'allument où grésillent, puants, les beignets à l'huile de quinquet ; que des chefs d'orchestre tudesques, transformés en charpentiers, boulonnent les ossatures des cirques ; que dans la baraque de la belle Fatma, disparue pour cause d'embonpoint, la Goulue s'exhibe pour cause de vieillesse, et que le Pétomane, cette autre gloire née au Moulin-Rouge, fait oublier le ventriloque Collet, dit l'*Esprit de Montmartre*, — le premier des humains qui tira des sons intelligibles d'ailleurs que de sa gorge, — un sieur Sténégry commente, pour les badauds, les mystères de la métempsychose. Par un jeu de glace vieux de cent ans, il montre, sur un joli visage de femme, l'œuvre de la décomposition sépulcrale; et se jouant des mystères du tombeau, d'une tête de mort il fait un vase fleuri.

Dorville, chanteur au café-concert, a deviné le truc. Il est conscient que la foire est à demeure à Montmartre, où Terre, l'artificier devenu forain, lança, à la fin du dix-huitième siècle, le mât de cocagne, — car il n'est sol à ces trouvailles plus propice. Lorsque Duclerc, la chanteuse, eut la fantaisie de monter un concert, rue Fontaine, dans un établissement qui avait été les *Décadents*, — bouiboui et goguette, — foraine à son tour, n'exhiba-t-elle point le pendu vivant, qui dérangea la haute bicherie, superstitieuse, et demandant à Duclerc : « Ma chère, quand vendrez-vous la corde ? »

Dorville possède le secret des doubles glaces. Il l'exploite sur le boulevard Rochechouart, d'abord; sur le boulevard de Clichy ensuite, dans une boutique décorée d'ornements macabres : chapelle ardente et à la fois dépôt mortuaire. C'est d'une gaieté!

« Entrons, disent les gens qui s'amusent, on va rire. » La draperie s'écarte. On pénètre dans une salle éclairée des funéraires feux des lampadaires. Des assistants méditent devant un cierge allumé, et boivent sur des cercueils. Des croque-morts, qu'un ordonnateur active, sont à leurs ordres; l'un jovial et rond, improvisateur loquace qui sait son latin, car il a des humanités; l'autre long, maigre, lugubre, s'exprimant sur le ton lamentable d'un *De profundis*. « Attention, a dit l'ordonnateur, — Paul Roger, acteur non sans réputation, venu des Nouveautés jouer ce rôle de bonisseur au *Néant*, — attention, de la bidoche! » Le chœur des croque-morts psalmodie : « Soyez les bienvenus à la

mort; asseyez-vous à droite et à gauche; choisissez votre cercueil. » Ahuris ou effrayés, indisposés par cette parodie funèbre,
on s'assied. L'ordonnateur s'approche, soupèse les assistants,
devine leur condition sociale : « Une belle-mère ! Préparez la boîte
de sapin ! » A une jeune femme, d'un air condescendant :
« N'est-ce pas malheureux de crever à ton âge ! » A une forte
commère : « Tu t'en vas de la poitrine ! »

Qu'est-ce qu'on prend ? « D'abord affalez vos orteils; posez vos
petits foirons. » — Un bock, une menthe ? Bien. « Deux asticots
de cercueil pour une juteuse et un avachi ! » crie l'homme
lugubre; l'ordonnateur ajoute : « Vous cracherez deux fois dans
le bock pour ceux-là. Et vous remarquerez, macchabées, que le
croque-mort est tuberculeux au dernier degré. »

La consommation s'accompagne d'un cierge allumé qui se
plante dans le cercueil : « Voilà qui te guidera sur les bords du
Styx. Donne tes quinze sous. La maison à ce prix-là fournit la
sciure et les toxiques. » Si un cierge s'éteint : « Rapportez un
lampadaire funèbre; c'est trop triste. »

Le cabaret est la salle d'attente où se fait la bagatelle de la
porte : une façon d'occuper la galerie le temps de réunir un
public. L'impatience des consommateurs est atténuée par la des-
cription du lieu : le lustre fait de tibias et de la tête de mort
d'un prix de beauté; le cercueil vide : « case à louer »; les
tableaux à transformations lumineuses : celui de Waterloo représentant les troupes avant le combat et après, quand les soldats,
comme dans la lithographie de Raffet, sont devenus squelettes.
Le cicerone a le boniment attique : « Tous sont crevés », fait-il
remarquer, « il n'y a que la caisse qui ne l'est pas. » Les différentes scènes que ces tableaux retracent, l'incitent à se dépenser
en maximes : « Comme ce cierge, macchabées, on s'allume, on
brûle et on s'éteint. » La mort est la suprême raison, ce qui se dit
au *Néant :* « La mort te guette, la mort te veut, la mort t'aura ».

La « crevaison » s'achève dans le four crématoire. On y accède, la chandelle à la main, un à un, par des catacombes qui aboutissent à une crypte en ruines, où rôdent des moines. C'est ici que le mystère de la mort s'accomplit. Au fond d'un caveau, une bière se dresse, vide, dans laquelle un assistant de bonne volonté prend place. Un suaire le recouvre jusqu'au menton. L'orgue fait entendre ses sons plaintifs. La face de l'être enseveli vivant se décompose, se décharne ; le sourire se fait hideux. C'est le rictus de la camarde. Le vivant n'est plus qu'un squelette. La blague sent, à ce moment, passer le frisson avertisseur et, comme touchée d'un froid glacial, se tait ou s'intimide.

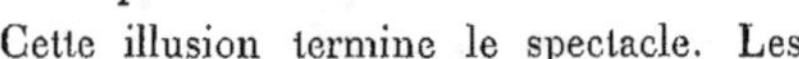

C'est fini. Les assistants sont conviés à se rendre dans une salle où cet appareil lugubre se corrigera de quelques visions aphrodisiaques, impurement charnelles.

Cette illusion termine le spectacle. Les

« macchabées » sont priées de sortir. Ils retrouvent, en reve-
nant dans le cabaret, autour des cercueils, d'autres consommateurs attablés, — des gens comme eux, venus s'amuser à
Montmartre et qui ont demandé à des
croque-morts le secret de la gaieté.

On est matérialiste au *Néant*.

On est spiritualiste au *Ciel*. Et c'est en face. La porte du
paradis donne directement sur le trottoir. C'est une porte de
cloître, baignée d'une lumière bleue. Un ange en garde l'entrée ;
il passe pour être l'ange Gabriel, étant né vers le temps où
Mlle Couesdon entendit des voix. Les élus pénètrent dans une
salle haute et vaste qui semble un réfectoire de cloître. Une
table dressée, unique, longue table d'agape couverte d'une blanche
nappe où les entrants communient sous les auspices de diverses

boissons, en donne l'apaisante et calme illusion. Les serviteurs sont des séraphins, vêtus de blanches tuniques, la couronne de l'innocence posée sur leurs cheveux blonds. Il s'expriment comme il sied à des êtres célestes :

— Ma sœur, patientez un instant ; vous irez au bonheur quand tous nos frères seront arrivés.

Un bedeau, dont le goupillon est emprunté aux lieux sains, c'est-à-dire hygiéniques, vaque aux soins de la sainte table. C'est un homme du monde, lettré et de bonne éducation, entré dans les ordres montmartrois par vocation pour le cabaret. Durant la collation silencieuse, ainsi qu'il est de règle monacale, un frère — premier rôle du Théâtre-Montmartre — fait la récitation. C'est un cantique au dieu Porcus, dont l'image païenne est processionnellement portée. Il est spirituel ce cantique en prose scandée, émaillée gravement d'allusions polissonnes, et païen : mais le texte en est fixe. C'est un boniment plaqué qui sert à toutes fins. Il pourrait être mieux, si vraiment la fantaisie courait la Butte. Du haut de cette chaire foraine, vous imaginez-vous le prodigieux succès d'un prêche de quelque autre Olivier Maillard, le verbe en couleur, truculent et cynique, fouaillant à grands coups de lanières les Parisiens accourus, troussant leurs drôlesses en veine de débauches, faisant cingler, jusqu'à ce qu'en saignent, sur les postérieurs de toutes les hypocrisies, les lanières de son style? Concevez-vous la saveur de ce libre prône s'inspirant à deviner dans l'auditoire les ridicules et les vices synthétisés dans ceux-ci et celles-là fonçant droit, piquant juste. On pouvait là évoquer la surprenante figure de ce père cordelier de Notre-Dame dont le prêche était, pour la nudité du vrai, un scandale. C'eût été une gloire pour Montmartre et point banale. Le terrible orateur qu'il eût fallu manqua, et l'on eut le discours au dieu Porcus, bref et sempiternel, confié à un récitant.

Ce discours s'achève sur la bénédiction qu'à l'assemblée, donne saint Cucufin. Puis, ce sont des visions ; l'affiche les dit « suaves ». Dans la nuit, les murs s'éclairent : des femmes apparaissent et disparaissent, nues ou presque.

Mais le *Ciel,* ce n'est véritablement que l'étage au-dessus. Un escalier y mène assez étroit, qui aboutit à une grotte rayonnante de dorures, au fond de laquelle trônent des félicités. Elles sont plutôt lascives. Tableaux vivants et fantasmagories se combinent. Des élues sont priées d'entrer au divin séjour, en passant par les coulisses. Elles y apparaissent aux yeux de la salle entourées d'anges qu'à leurs gestes on pourrait croire déchus. Un spectateur s'y voit transformé en séraphin : il a des ailes, il monte aux cieux — aux cieux de Mahomet, peuplés des onze mille vierges. Au compte qu'on en peut faire, il en manque ; et celles qu'on y voit, dans la nudité du maillot, ont toute apparence de n'en jouer que le rôle.

Le portier de ce Paradis se fait appeler Antonin, associé de Dorville au début, maintenant son maître, chercheur sans cesse tourmenté d'autre chose. Il ne lui suffit pas de régner sur le ciel ; il joint à son commerce l'*Enfer :* la porte à côté. C'est une concurrence vieille comme le dogme. Par la gueule rubescente d'un dragon, on entre au séjour des damnés, rouge fournaise qu'allumèrent Butel et Valton, les décorateurs. Ce ne sont que serpents qui s'enroulent, chimères qui lancent des flammes, spectres verts et cornus dont les yeux d'escarboucles crépitent de tous les feux du désir. Sur des tables incendiées, les diables versent à boire, et conduisent à la marmite les damnés ; ils y revoient ce qui surtout les damna : la convoitise de l'or et de l'ardente chair de la femme.

L'*Enfer* — cet enfer vicieux et puéril — n'est que le spectacle forain où notre enfance musa. On n'emprunte ici qu'aux saltimbanques. L'originalité est dans le boniment. Les bateleurs de la

Butte ont repris la tradition de Guérin, dit Galimafré, émule de
Bobèche, — cet apprenti parisien grimpé sur les tréteaux, qui,
en 1871, place du Tertre, mourut Montmartrois, ainsi qu'il
seyait à un illustre batteur d'estrades.

Théâtres et Tréteaux

THÉATRES ET TRÉTEAUX

Montmartre sans tréteaux n'était pas tout à fait sans théâtre. En 1822, un acteur, Seveste, avait reçu l'autorisation de rompre le jeûne de la banlieue privée de tout élément théâtral. Il commença par Montmartre qui, en matière de plaisir, montrait déjà de sérieuses dispositions. Un homme de finance et d'industrie, Orsel, en faisant se rejoindre, par un passage transversal à mi-côte, la chaussée des Martyrs à celle de Rochechouart, réalisa, par cette unique rue campagnarde bordée de rustiques maisonnettes, le village qui porte son nom. Sur la place ménagée à l'extrémité de la rue, Seveste édifia le théâtre qu'on y voit encore. « Ce qui donne à ce village de la vie et presque de l'importance, dit un contemporain, c'est le théâtre situé sur la jolie place où l'on parvient par deux allées grimpantes et plantées d'acacias. »

Ce théâtre est dénommé « des Jeunes Élèves ». C'est un théâtre d'application. Montmartre, en tout initiateur, avait, il y a soixante-dix ans, sa Bodinière.

A la vérité, il n'en chôma jamais. Au 16 de la rue de La Tour–d'Auvergne, l'actuel 22, s'installait le premier jeudi de novembre 1843 une pépinière d'oiseaux chanteurs. On la nommait sans phrases : l'*École lyrique*. Mme Ugalde en suivait les cours. L'école devint franchement un théâtre dont les directions se succédaient éphémères. L'un des impresarii fut Moisson de Brécourt. On le nommait Léon. Avec Léon, la musique avait fait place à la déclamation. Ces talents : Dieudonné, Saint-Germain, Émile Abraham, acteur avant d'être écrivain, Marie Delaporte, Desclée, Emma Fleury, Jouassain y préludaient. La salle fut agrandie, la scène fut machinée et Achille Ricourt prit le sceptre directorial.

Il conduisit à la fortune cette première en date « des boîtes » montmartroises. Du goût et du bagout, méridional, comme le sont les hommes du nord quand ils se mêlent de le devenir, un peu peintre, fondateur de l'*Artiste*, tragédien ; quand il arriva rue de La Tour–d'Auvergne sa réputation était faite. Ne lui devait–on pas Rachel, une chanteuse rencontrée dans les rues ? Il avait deviné l'artiste en la pauvresse et pour aumône lui avait acheté les œuvres de Corneille. Comme il avait pressenti Rachel, il avait soupçonné Agar. Elle venait du concert du Cheval-Blanc, où elle chantait au cachet. Son masque l'enthousiasma. On était en décembre 1859. Six semaines après, Agar, par son entremise, débutait à l'Odéon, admirable dans *Phèdre*. Le théâtre de La

Tour d'Auvergne, à la faveur de tels lauriers, changea son titre, pour celui qu'avait porté le théâtre de Montmartre; il fut le « Théâtre des Jeunes artistes. »

Ces planches accessibles tentaient les filles d'amour, ambitieuses de se dire actrices. Elles y montaient comme sur un trottoir, invitant à les venir applaudir les protecteurs sérieux dont elles meublaient les avant-scènes. Et parmi elles Léonide Leblanc, — Léonie, — qui n'avait pas encore de talent, mais déjà des bijoux et qui chantait, sous les traits d'Eros, qu'elle faisait, nuit et jour, l'Amour.

Deux cafés flanquaient le théâtre, le café Vivier et le café Prudhon, fréquentés des aspirants à la célébrité cabotine et des culbutés du charriot de Thespis. Cette clientèle décida une vocation: le fils du cafetier Prudhon, Charles, s'insinuait par l'arrière-boutique dans le théâtre, il jouait juvénile et gracieux, plein de feu et de distinction. Le théâtre de La Tour-d'Auvergne en 1882 a fermé ses portes. Un charbonnier occupe son vestibule; le profil des buches barbouille les mascarons et les lyres que Moreau-Sainti fit sculpter sur les portiques. On a trace du guichet de location dans la loge de la concierge. Il n'est plus de café Vivier ni de café Prudhon. C'est une erreur qui a fait reconnaître dans le fils du cabaretier Prudhon, l'acteur distingué de la maison de Molière.

Quant au vieux théâtre il n'a pas changé; il a conservé sa physionomie d'autrefois. C'est toujours sa façade maintenant caduque, avec son balcon si ruiné que les ouvreuses y montent la garde avec la consigne, souvent violée, de ne pas laisser s'en approcher les spectateurs. L'allée des acacias a disparu, et la promenade plantée est devenue l'indigent terre-plein où un peu plus d'une douzaine d'arbres grêles jettent des loques d'ombre sur des bancs hospitaliers. Le soir, pourtant, l'hiver surtout, elle est amusante, à peine éclairée des feux d'un luminaire anémique, d'un pittoresque dont elle a le monopole, cette place déguenillée, avec ses boutiquettes de berlingots et de limonade, buffets du théâtre en plein vent, où l'orange se marie au saucisson. On est ici chez soi, on y vient sans s'habiller, en cotte et en bourgeron.

S'il fait trop chaud, on ôte sa veste. Le Théâtre-Montmartre n'a pas attendu que la Comédie-Française en donnât l'exemple pour admettre, sans chapeaux, les femmes à l'orchestre. Les mœurs lointaines du vieux boulevard du Temple se retrouventlà, sans retouche. C'est le peuple gai et bon enfant qui vient pleurer au mélodrame, rire d'un comique facile et de lazzis fatigués, souhaiter la délivrance de l'ingénue et la fin du traître. Le scepticisme contemporain n'a pas touché ces âmes simples. Le mélo qu'on leur donne, heurté et violent, coupé encore pour les économies de la mise en scène, agit brutalement sur leurs nerfs et incite leur cœur à des manifestations dont ne se peuvent que louer la morale et la vertu.

L'illusion, dans un décor grossier, est versée par des artistes consciencieux et probes, qui connaissent leur métier à la façon

de la vieille école, qui vibrent, romantiques, et de Mélingue
tiennent l'art de porter à leurs ennemis la terrible botte de Nevers.

Ce solide apprentissage donna au public de banlieue la fleur
des Hyacinthe, des Lassouche, des Thiron, des Pradeau, des
Dailly, des Daubray. Mlle Lender, dans tout l'éclat de ses seize
ans, a brillé sur ces planches, dans les drames de cape et d'épée,
qui ne se passent jamais de la mutinerie des soubrettes.

Comme il eut son théâtre, Montmartre eut son cirque. La
démolition du chemin de ronde avait entraîné la disparition des
abattoirs. Le Collège Rollin et l'avenue Trudaine occupèrent

une partie de ce vaste terrain. L'angle de la rue des Martyrs restait inoccupé. Fernando, qui faisait la « tente américaine » à l'occasion de certaine fête locale, y campa avec un succès qui porta ombrage aux Franconi ; ils obtinrent qu'on ne tolérât pas plus longtemps ce nomade, dont l'établissement de toile et de planches apportait à l'incendie un facile aliment. C'était le prétexte. « Qu'à cela ne tienne ! répondit Fernando. Je bâtirai mon cirque en pierres. »

Il avait gagné quelques écus. Puis une belle fille s'était énamourée de l'élégant écuyer. La belle Mme Fernando apprit le cheval, et sauta. Elle fut la grâce de la maison ; Boum-Boum en était la gaieté. Ce Boum-Boum, de son nom Medrano, n'avait point son pareil pour éveiller l'intelligence des animaux. L'oie, par ses soins, se montrait avisée, et le cochon dévoilait un esprit prompt et délicat. Il n'était animal dressé par lui qui n'ambitionnât de ne plus passer pour une bête. Boum-Boum amenait la foule. Il la remmena, lorsque, par l'effet d'une pirouette sur un pont d'or, du Cirque Fernando il bondit au Nouveau-Cirque.

La dernière pantomime que joua Fernando fut un déménagement à la cloche de bois : le sien. Il mit la clef sous le paillasson et partit. Médrano revint qui la ramassa, et la foule, docile comme l'oie de naguère, à l'appel du maître clown, dans le cirque bichonné et pimpant, à nouveau extasiée, s'entassa.

Tout meurt, tout renaît. Un théâtre se ferme, un théâtre se rouvre. Ricourt ne fait plus d'artistes, Antoine va en faire.

Antoine, au commencement de 1887, est employé à la Compagnie du gaz aux appointements annuels de dix-huit cents francs. Amoureux de la comédie, il la joue dans un petit cercle d'amateurs, où calicots et employés représentent, à leurs dépens, des pièces du répertoire. Si l'on jouait des œuvres inédites, pense Antoine, on inviterait la critique et nos efforts recevraient une sanction ? Paul Alexis était du quartier, on lui demanda quelque chose : il donna *Jacques Damour*, qu'on joua dans une salle ignorée, au 37 d'un passage peu connu, où Coppée jeune avait gîté. Affreuse venelle, titubante, comme ivre, entre des bâtisses bancroches, et répondant au nom prétentieux et usurpé de passage de l'Élysée-des-Beaux-Arts. Une cotisation entre camarades avait couvert les frais de cette représentation donnée un 30 mars, car c'était jour de paye et qu'en possession de son salaire Antoine pouvait subvenir aux dépenses impérieuses. Pour les mêmes raisons, la seconde représentation

eut lieu un 30 mai. On avait répété un peu partout, chez un marchand de vins, rue Lepic, dans un entresol qu'avait prêté un concierge piqué de la tarentule du théâtre. Ce fut là que Émile Bergerat et Oscar Méténier firent répéter, l'un, la *Nuit Bergamasque* ; l'autre, *En Famille*. Les interprètes étaient des amis. La Marie-Laurent de la troupe s'appelait Barny : elle était couturière. Un Taillade s'y révélait sous le nom de Mévisto.

On convoqua la critique, elle vint. La salle l'intéressa par son indigence, si pauvre en décor et en luminaire. « Le dernier sorti, disait une pancarte, est prié de fermer le gaz. » C'était, dans toute sa naïveté, la montre foraine. La scène étranglait l'action, mais le goût d'un maître en l'art de l'arrangement scénique se décélait. La hardiesse des sujets traités, leur franchise, leur originalité, le talent de jeunes férus d'indépendance et servis par le jeu imprévu de ces amateurs, la veille ignorés, la surprise fut pleine. On revint à la troisième, si nombreux, que le propriétaire s'inquiéta de cette affluence pour la solidité de sa salle.

Si ménagers qu'on fut des petites sommes recueillies, — Antoine portait à domicile les lettres d'invitation pour l'économie des timbres-postes, — à la seconde on était endetté de trois cents francs. Le gazier, débordé par le succès, décidé à continuer sa tentative, démissionnait. Il méditait de réunir des souscriptions chez les gens très chic qui seraient abonnés au spectacle annuel. Il fallait sortir de la salle de l'Élysée-des-Beaux-Arts, mais devait-on abandonner la Butte ? Antoine ne s'y résignait pas : il s'en fut trouver son collègue du théâtre Montmartre qui ne comprit point et l'éconduisit. Et voilà comment le Théâtre Libre, né à Montmartre, le quitta.

Le Chat-Noir qui n'était qu'un Guignol, ne donnait pas la Comédie. Privés de scène, ses acteurs étaient de zinc. Le théâtre de la rue de la Santé, où les libres pupazzi de Lemercier de Neuville avaient joué les saynettes réalistes d'Henry Monnier, dans cette voie, avait précédé le Chat-Noir. Les acteurs, au verbe érotique, étaient les classiques marionnettes que des ficelles manœuvraient. La littérature à ceinture lâche du second Empire produisit, sous cette forme, deux ou trois chefs-d'œuvre dont l'audition n'était possible que pour des initiés prévenus.

Les pantins, avec leurs gestes essentiels, restent les acteurs dont la bonne volonté un peu raide sourit aux auteurs du théâtre

impossible. Maurice Bouchor les pria, un jour, de déclamer les
vers suaves de ses Noëls et de ses Mystères. Ainsi firent des imitateurs, sur un théâtre, 6, rue Ballu, qui ne s'ouvrit jamais et
s'entr'ouvrit quelquefois et se nomma, sans ambage, le *Théâtre
des Pantins*. L'humoriste Franc-Nohain y représenta une trilogie
satirique : *Vive la France*, et Alfred Jarry un déconcertant *Ubu
roi*, puérile et pourtant shakespearien... Oh ce père Ubu, cette
mère Ubu, ces fantoches scatologiques ! Cette œuvrette étrange
où le comique des maîtres s'allie à l'inconsciente parodie qui
est le fond traditionnel des jeux de l'enfance.

La comédie, par des acteurs de chair et d'os et des actrices,
qui n'étaient pas de bois, se créait, autour du Chat-Noir, des
raisons sociales assez vite achalandées. Rue de la Tour-d'Auvergne, un atelier d'artiste, devenu vacant, s'emplissait soudainement du bruit d'un ljoyeux carillon. Poète et homme de
théâtre, Bertrand Millanvoye l'agitait. Salle intime, plutôt salon,
sans à peine de planches. Une scène d'amateurs avec des coulisses
de verdure ; des chansonniers, cela va de soi, au piano comme
le vraiment joyeux Tiercy, ou debout, ou les mains dans les
poches. Quand on n'a pas Ferny, on a Paul Daubry, et les gouvernants n'en passent pas moins de très mauvais quarts d'heure.

On joue. Ce n'est pas du théâtre : c'est la boutade impromptue,
le mot de la fin mis en scène, la nouvelle dialoguée qui se fait
vie. On ne demande pas une pièce, mais un éclat de rire. Les
moins doués peuvent tirer un feu d'artifice, quand le public se
contente d'une fusée. Ces facilités aidant, des Aristophanes, il
en pleut. Ils ont trouvé un moyen d'expansion : la revuette.
Oudot, Millanvoye, Mougel, de Gorse, le fin et souple Robiquet,
le vif et narquois de Flers y excellent, excellents.

Mais voici une individualité : Courteline, sûr héritier de Molière qui, malheureusement, — il y avait d'autres enfants sans
doute, — n'a pas eu toute la fortune. Sa part néanmoins a été

belle et c'est pour nous réjouir. La verve de Courteline nous est
une bienfaisante joie. Il lui a été donné de saisir les ridicules de
son temps avec une surprenante agilité, et aux fins de provoquer
un rire qui détend, salutaire, et repose. Un comique d'un art

insaisissable qui sans jamais dépasser le maximum de l'outrance
y atteint toujours, marque, d'un trait supérieur, les œuvres de
cet ironiste à qui l'on ne saurait reprocher que de se dépenser
en des compositions trop courtes. Ne serait-ce point qu'il n'amuse
tant que parce que lui-même s'amuse, et qu'un plus laborieux
effort alourdirait sa gaieté, sa fantaisie et son entrain? Au *Carillon*,
il fonde, — fils de Jules Moineaux, — les tribunaux comiques.
La bêtise contemporaine y est traînée. Il y a là comme un
retour à nos vieux fabliaux qui affectent généralement cette
forme juridique, et un retour aussi à l'art bohème et nomade.

Nous sommes chez les élus de la
Belle-Étoile. Le projet d'une vraie
Roulotte est né dans l'esprit d'un
chansonnier qui se nomme Coday,
et dont Charton, transfuge des tréteaux, saisit aux premiers mots tout
le sel. Sur la grande route, dont
le paysage n'est pas immuable, bientôt la roulotte à demeure,
guimbarde tout de guingois nos étoiles et leurs oripeaux. Willette l'a représentée traînée par une haridelle aussi vieille que le
roman comique, dont le massif collier — trouvaille géniale —
est une lyre.

Une boutique en profondeur, rue de Douai, et voilà installée, dans ses meubles, la *Roulotte*, que M. Charton, acteur de la suite de Sarah, petit-fils du fondateur du bal Montmartrois l'Ermitage, avec la permission de M. le Maire et des autorités, fera s'arrêter proche la maison de « notre oncle » : d'où le fauteuil baptisé « Sarcey »; et, s'il vous plaît, du prix de cinq francs. Lorsque le tarif est bien élevé, les gens qu'on reçoit le sont aussi. Charton ne veut chez lui que des grands-ducs. Ne sait-on pas qu'ils quittent, chaque nuit, Gerolstein pour Montmartre?

La *Roulotte* ne ment pas à son heureux titre. Elle fait son programme d'aimables riens, de bluettes, de revuettes, de saynettes, de chansonnettes — ou se spécialise dans la « chanson animée », le couplet en images. Hugues Delorme, poète parmi les plus francs et les plus imprévus, y rime une autre gazette de Loret, qui a, sur sa devancière, l'avantage de ne point ennuyer.

Georges Docquois, poète et chroniqueur, l'un des premiers le remarqua : l'art montmartrois est tout de parade; c'est le Pont-Neuf avec ses bateleurs. N'était-ce pas à Tabarin de présider à ce beau tapage de libres vers, de coqs-à-l'âne, de facéties, de calembours et de couplets égrillards et cinglants? N'était-ce pas à lui l'homme à la batte, grand homme de Paris-en-Badaudois, de lancer le boniment devant la foule qui bée, la rate en liesse?

— Pourquoi, insinue Docquois à M. Rebiquet, ne restaurerait-on point la baraque de l'illustre pitre?

Et d'un crayon que le souvenir des estampes guide, voilà Docquois traçant le tableau : un tréteau, avec, pour fond, à demi masquée par une toile tendue sur des perches, la Seine; la baraque à droite et l'écriteau : *C'est icy Tabarin*. Pour l'illusion, la salle se déguisera en vieille auberge. Un acteur opine du bonnet, c'est Charton; Fursy écoute, comprend, complète et corrige, et, rue Pigalle, le *Tréteau de Tabarin* s'échafaude, Tréteau vite achalandé, verveux, spirituel et gouailleur. Il est moderne en sens qu'il est de son temps. Il vit le fait au jour le jour, avec Docquois comme avec Rœdelsperger. Il est la gazette de la rue, saisissant l'événement au vol. Une des forces attractives de Fursy, devenu l'âme de ce tréteau, d'où Tabarin s'esquiva trop vite pour faire place à d'autres compères, ce fut d'avoir de son métier de chroniqueur gardé une gymnastique étourdissante, un art des variations souples et rapides et de laisser ainsi espérer à qui entre la surprise de l'impromptu.

La particularité de ce théâtre, c'est de n'être pas du théâtre. L'originalité consiste à monter des pièces qu'on applaudit comme d'autant plus drôles qu'elles ne sont pas des pièces. C'est n'importe quoi, pris n'importe où. Des prosateurs avaient dialogué une nouvelle, à cent lieues de la voir vivre par la magie des interprètes ; on leur donna cette gloire. Oscar Méténier, qui avait fait son apprentissage au Théâtre-Libre, s'employa avec un zèle méritoire à ces métamorphoses. La tentative n'était que demi-vierge : Antoine l'avait déflorée. Ce qu'Antoine nommait les « quart d'heure », c'étaient de courtes tranches de mœurs qui, sur de grandes scènes, déconcertèrent et ne plurent point. Oscar Méténier, qui porte l'énergie peinte en bile sur sa face nerveuse, rumina de relever les planches de ce théâtre réaliste et bref. Au *Grand Guignol*, point de chansons, ni d'ombres, ni de fantasmagorie, mais de la vie, de la vie brutale ; un art qui se poussera sans la vaseline des *si*, des *car* et des *mais*, qui écorchera en allant au but, qui fera crier et qui fera plaisir. Brantôme prête aux honnestes dames de la ville que la soldatesque met à sac ce cri : « Où viole-t-on ? »

On violera chez Méténier : qu'on se le dise !

Existe-t-il de cette production dramatique un répertoire ? Oui, certes ; mais à l'insu de leurs auteurs. Dans les livres de nouvelles, de Donnay, Lavedan, Jean Lorrain, Marcel Prevost, Lucien Descaves, dans les chroniques de Weber et de Tristan Bernard,

deux jeunes maîtres du rire. Enfin, Méténier, n'est-il pas là?
N'a-t-il pas une *Mademoiselle Fifi*, de tapageuse mémoire? Après,
ce sera *Boule-de-Suif*, le répertoire de Courteline. Des acteurs, il

en créera, il en imposera comme
Lagrange; comme Gabrielle Fleury, une belle chair de passion;
comme la « mère France », une des plus prodigieuses natures
que le théâtre ait révélées, et d'infiniment d'esprit, — sans, sur
sa jambe, dont elle ne tire aucun effet, le moindre bas bleu.

Une salle est vacante, rue Chaptal, l'ancien atelier de Roche-
grosse, d'un style archaïque de boudoir royal, avec des fleurs de

lys d'or sur fond bleu et des anges à la voûte. On a la sensation de quelque Sainte-Chapelle. Derrière le rideau, Louis le Neuvième, notre Sire, dit ses heures ? Point. C'est Méténier qui plante le décor de *Monsieur Badin*.

On se bat ici avec des réalités, ailleurs avec des ombres. La *Boîte à musique*, sur le boulevard Clichy, donne une suite d'images délicieuses, peintes par Frey, les *Saisons*, dont la musique est de Thomé. Le compositeur tient le piano. On a projeté sur la toile de ce guignol inspiré du Chat-Noir, la *Revue du Siècle* à rebours, dont l'ingénieuse combinaison et les beaux vers sont de l'écouté et renseigné critique Roger Milès. A la revue « *Venez en ombres* », on vient en nombre ; mais la note à payer est folle, et les ombres, au regret des artistes et des rêveurs, s'évanouissent.

Le théâtre régulier, qui n'a vu que d'un œil jaloux croître le succès des scènes affranchies, les accuse des déboires qui l'atteignent. Il dénonce le régime de faveur dont ils jouissent et leur droit à la satire, qui est devenu le droit à la licence. La règle pour tous est que le tréteau s'incline. Sur ces prétentions, la chanson daube. Tabarin met à sa porte un tronc, pour « ces pauvres directeurs que Montmartre a ruinés ». L'ingénieux Courteline fait mieux. Par exploit d'huissier, il constate qu'entré aux Variétés, accompagné d'un enfant, avec la sécurité que donne à l'honnête bourgeois le visa de la censure, il y a vu sur la scène des femmes dont la nudité se gazait à peine de la soie rose et fine du maillot. Il formule sur papier timbré une requête : contre « une institution susceptible d'apporter, à des exhibitions publiques d'un caractère licencieux, le contrôle du gouvernement. »

Le jeune vainqueur du rire, par cette plainte, tua sous le ridicule les prétentions des conjurés. Ils réfléchirent. Ils convinrent qu'à le bien voir Montmartre était une école de liberté. Par ses contrebandiers, il frayait à l'art théâtral des sentiers neufs. Et pour éviter aux habitués des grands boulevards de monter si haut, jouir de l'originalité des jeunes, les directeurs, mieux instruits de leurs intérêts, appelèrent ces jeunes aux grands boulevards. Ils firent signe à Donnay, à Weber, à Gavault, à Cottens, à Courteline. Ils firent descendre Montmartre chez eux, et pour ne rien sacrifier de tout le sel par ceux-ci apporté, ils firent en sorte, redevenus malins, que la censure restât chez elle.

Les Moulins

LES MOULINS

Les tréteaux montmartrois ne se dressaient jadis qu'une fois l'an, à la Saint-Pierre, et sur la place de ce nom. L'auteur de *la Levrette en paletot*, Auguste de Châtillon, qui gîtait sur la Butte, l'a rappelé dans une chanson :

> Le vieux Montmartre a l'air content
> De voir le long de ses chemins,
> Gravir la foule immense
> Jusques à ses moulins.

Les moulins, pour ce qu'on y dansait, étaient, et point seulement à la saint Pierre, la plus réputée des attractions. De sa fenêtre, Auguste de Châtillon en voyait trois sur les quatre ou cinq qui, en 1857, subsistaient de la double douzaine qu'on avait comptée jadis de la Goutte-d'Or à Clichy.

> Si l'on monte visiter
> Ces vétérans dans leur cage,
> Autour d'eux on trouve ombrage,
> Restaurants pour s'inviter ;
> Charmilles, bosquets, tonnelles,
> Des bancs de bois, du vin frais,
> Des balançoires... après,
> De charmantes demoiselles.

Un surtout, entre ces aïeux, retient, captive, l'attention du poète.

> Et pendant les soirs d'été,
> Toute la Butte est en fête ;
> Le Moulin de la Galette
> Ouvre son bal si vanté.

L'invite des ailes qui valsent pousse, autour des moulins, à l'allégresse des pas. Ceux de Montmartre étaient à peu près tous, au siècle dernier, goguette et cabaret. Les meuniers étaient avenants, accortes les meunières ; et l'appétit, qu'à ces hauteurs, la vivacité de l'air aiguisait, tenait pour délectables les dînettes improvisées. Le petit père Debray avait sa renommée : une galette exquise arrosée d'un clairet diurétique qu'il disait sans mentir fils de ses propres terres. La jeunesse élisait volontiers domicile sur ses bancs rustiques, à l'ombre de bosquets plaisants ; car il n'était homme dont la joie fut plus contagieuse. Il aimait la gaieté dans autrui, et de son mieux, la stimulait. Ayant, par expérience, appris que rien n'était plus propre à cet exercice qu'un air de violon, sur le tonneau légendaire, il juchait ses ménétriers, et, se piquant d'un jarret agile, aux amoureux il enseignait l'art frivole des entrechats.

Ce moulin, maintenant de la Galette, on assure qu'il a des parchemins et qu'il jure par dix siècles d'ancienneté. Il n'est, toutefois, Montmartrois que d'adoption; depuis Louis XIII, il est vrai, ce qui compte. Il viendrait de la butte Saint-Roch.

A l'entrée du bal, par la rue Girardon, un autre moulin sommeille : c'est le But-à-fin, que M. Auguste Debray, par logique professionnelle, nomme le « Blute-fin », qui blute finement. On le dit né à Montmartre en 1295, et là même où il est encore; déjà à cette époque occupé par les Debray, meuniers-fermiers des Dames de l'Abbaye. On raconte que, pour épier les mouvements des bandes mercenaires qui désolaient le faubourg, Étienne Marcel s'y tint tout un long jour en observation.

Le troisième moulin, le Radet, n'est pas aussi connu que ses frères ; il se voit moins et il est plus petit. On l'a installé dans un jardinet, dont Mme Debray se réservait autrefois la jouissance. C'est un déraciné; il n'est là que depuis 1830. Il vient de Montrouge. Dans son enclos de verdures sauvages, ankylosé par l'inaction et la rouille des ans, il avait une belle mine de patriarche se reposant, la tâche faite. Il ne savait rien des turbulences d'alentour. Une paix profonde l'ensevelissait sous les folles herbes et les broussailles dont le mystère eût resté inviolé, si Mesplès, le peintre, n'avait eu la fantaisie de louer ce vieux moulin et ses dépendances. Il aimait à faire franchir le seuil de ce pittoresque abri aux jolies filles, modèles ordinaires de son crayon. Alors, des tutus papillonnaient dans cette solitude, et des nymphes, sur le rideau des feuilles, dessinaient les fuyantes lignes de leur nudité. Cléo de Mérode a pris une joie d'enfant à donner pour cadre à sa svelte beauté l'entrée du jardin secret du moulin, si drôlement faite d'un cercle de meule.

Ce coin était délicieux, il n'est plus. Le moulin, dépouillé de sa verdure, sans mystère, se dresse muet et immobile, présidant à un musée de séculaires souvenirs.

Ce lieu, à côté du bal, était une oasis d'innocence et de fraîcheur. Au jardin fermé, confinait le jardin ouvert, rustique et vieux jeu, avec, de chaque côté, ses tonnelles, son tir au fond,

ses balançoires et son caduc manège de chevaux de bois. Sous les tonnelles, on mangeait la galette qui venait chaude, de la pâtisserie où l'on voyait, portes ouvertes, les blancs patronnets faire diligence. Son charme s'imprégnait de quelque chose de naïf et d'enfantin. La maison avait les allures d'une vieille auberge qui s'est égayée pour faire rire ses convives. La blancheur des murs s'était couverte de candides images, de bibelots inattendus, de futilités sans prix qui n'avaient d'ambition que d'amuser le regard. Le « petit père Debray » avait, de son couteau ingénieux, dans le bois, taillé des scènes historiques : un certain tir, rappelait le Retour des Cendres. Des automates, dans un cadre animé, retraçaient le tableau de la cuisine pendant la confection de la galette. D'autres travaux aussi patients attestaient, en maintes figurines rencontrées dans la maison ou dans le jardin,

la bienveillance industrieuse du meunier. Les petits venaient voir
ces enfantillages et les grands aussi — enfants à leur heure.
Pour eux, le meunier faisait tourner les ailes du moulin, rentier

depuis 1872,
et dont le der-
nier travail
avait consisté
à moudre des
grains pour la
parfumerie.

Ce Debray
était petit-fils
de héros.

Dans le
vieux cime-
tière attenant
à l'église Saint-
Pierre, et
qu'on ne visite
qu'en deman-
dant la clef,
se trouve une

tombe étrangement couronnée d'un petit moulin. On lit, gravée
sur la pierre cette épitaphe :

PIERRE-CHARLES DEBRAY

MEUNIER-PROPRIÉTAIRE A MONTMARTRE

Décédé le 30 mai 1814.

Tué par l'ennemi sur la butte de son moulin.

Le 30 mars 1814, les alliés avançant sur Paris, campaient sous
Montmartre, dans la Plaine. Les gardes nationaux défendaient
les neuf batteries adossées aux moulins. Ils croyaient Napoléon

à proximité. Lorsque des Russes fondirent sur eux, plutôt que de se rendre, les canonniers se firent hacher sur leurs pièces.

Trois frères Debray s'étaient battus. Criblés de coups de baïonnettes, on les avait laissés pour morts sur le champ de carnage. Lorsqu'à midi un quart, Joseph eut signé la capitulation, l'ordre fut donné de cesser le feu ; l'aîné des Debray, resté valide, refusa de s'y soumettre : il avait ses frères à venger. Une colonne d'ennemis passa à portée de ses pièces ; il l'accueillit par une volée de mitraille. Ceux-ci se jetèrent sur la batterie, l'emportèrent, et le chef édicta que tous les Français qui la servaient seraient fusillés si l'homme qui avait commandé le feu ne se nommait. Debray se nomma. Un officier russe lui mit la main sur l'épaule. D'un coup de pistolet, Debray lui fracassa la tête. Massacré hideusement, son cadavre fut écartelé et les morceaux attachés à ces grandes ailes grises que vous voyez aujourd'hui, si oublieuses des heures tragiques, planer sur Paris. Son fils, d'un coup de lance, fut cloué à l'arbre du moulin et survécut à ce martyre. A la faveur de la nuit, la veuve détacha les restes chers, les ensevelit dans un sac de farine, qu'elle fit porter au cimetière. Retrouvés, il y a vingt ans, dans leur sac, ils furent mis en terre où s'élève le mausolée, qu'un moulin, à notre pieuse admiration, désigne.

Depuis le jour où le meunier ingambe avait fait signe aux ménétriers, le bal du Moulin avait subi bien des avatars. Rustique et de plein air, il avait d'abord, contre la pluie, érigé quelques planches. L'abri, grandi en étendue et en hauteur, restait une simple précaution contre la soudaineté des orages, dans un décor demeuré champêtre, à ciel ouvert. La jeunesse du pays en faisait ses délices.

Ce moulin de la Galette inspira l'œuvre maîtresse de Renoir. Il ne se rappelle point sans attendrissement comment il la conçut. Elles n'étaient pas des plus faciles à apprivoiser ces oiselles de

Montmartre; il semblait qu'on n'eût qu'à vouloir pour cueillir
leur fleur de jeunesse; point si nices que de se laisser, par le
premier venu, déniaiser. Les Américains croient avoir inventé le
flirt : il se pratiquait à Montmartre, et longtemps devant que Paul
Hervieu ne naturalisât, sous un nom anglais, ce que nos pères
nommaient le « jeu de la petite oie ». Marcel Prévost, au Moulin,
eût trouvé ses demi-vierges; mais variété de l'espèce : la demi-
vierge sans névrose, l'enfant craintif des suites du baiser et qui
retient du don de soi le danger des conséquences; car elle sait le
piège que la nature a caché sous les caresses. La pudeur en elle
ne corrige ni l'intention, ni le geste, et la promiscuité des sexes
dans les « taudis » ne laisse à l'enfant rien ignorer des mystères que la passion révélera à la femme. Le galant entreprend,
sans qu'une objurgation l'arrête; l'œil voit ce qu'il lui plaît, et

les mains frôleuses, à la découverte, ne rencontrent ni résistance ni obstacle. Le veto ne s'entend qu'au seuil quand le désir assuré de vaincre, penserait n'avoir plus qu'un dernier degré à franchir. Il est formel ce « nenni » énergique, décidé, et don Juan reste en figure, plutôt bête, devant l' « où que tu vas ? » de ces petites ribaudes qui ont, sans pudeur, des sursauts de vierge.

Renoir, dans son atelier de la rue La Rochefoucauld, devisant de son chef-d'œuvre du Luxembourg, se plaît à se remémorer les heures vécues au vieux Moulin de la Galette et les séances du jardin de la rue Cortot. Lucile futée musaraigne, la rêveuse Marguerite. Et l'énigmatique créature dont le sourire l'accrocha un soir. Invitée à poser, elle se déroba. — La tête, seulement ? — Pas même la tête.

Le refus était net. Il endoctrina la mère, qui ne décidait point la fille, couturière en journée chez une patronne où l'on veillait. Il découvrit le pot aux roses. L'enfant vivait en partie double : plébéienne et cendrillon chez les siens, elle faisait au dehors l'aiguille buissonnière, filant dans un meublé chic, entretenue par un homme du monde. Madame, qui avait une femme de chambre à son service, paressait dans l'opulence, tout le jour. Le soir, la ramenait vers ses habitudes et sa misère, avec ses jupons de deux sous, ses bottines sans talon et, pour toute coiffure, dans sa tignasse rebelle, le nœud criard que, le matin, devant un fragment de miroir, sa main coquette attachait. Renoir, pour se mieux rappeler cette fleur de camélia éclose au Moulin de la Galette, a gardé de ses traits enfantins et pervers une esquisse où se trahit l'amour qui guida son pinceau.

Le bal empiéta sur le jardin. Il devint une salle enfumée et basse d'une couleur triviale et violente, fréquentée des gigolettes en cheveux, blanchisseuses de Saint-Ouen ou des Grandes-Carrières. Sans coquetterie, sans le désir de plaire, mal attifées de loques sordides, les seins libres pointant droit sous la cami-

sole, les cheveux au vent, les bas sans talon dans des chaussures
éculées, sans dessous, ou si peu — et ce peu il l'eût fallu voir !
Comme la garde-robe n'allait pas jusqu'à la chemise de
rechange, on faisait sa lessive toute nue, le samedi, pour avoir
du linge blanc le dimanche.

On retrouvait au bal son petit homme, son béguin. Un personnage qui se donnait, par frime, des airs de ce qu'il n'était pas
toujours; affectant des façons de souteneur, sans col à sa chemise, l'accroche-cœur aux tempes. Éphèbe aux traits durs, l'œil
cynique, trois poils de barbe faisant une tache de cire noire sous
la narine, les cheveux brillants de pommade à la rose ; jeune
drôle, admiré des femmes pour ses entrechats et ses cavaliers
seuls, battant des ailes de pigeon ou tournant à la crapaudine au
ras du plancher. Roi du chahut, à pleines pattes empoignant la
« gonzesse » soumise à son étreinte et dominée, à la première
révolte, d'un « de quoi ? » rauque et veule, et effrayée de la
menace de ces gros poings de tuberculeux emmanchés d'un
bras grêle où semblait luire, quand ils se crispaient, l'acier
du surin.

Les filles étaient de débraillées gourgandines; de précoces
noceuses qui faisaient, aux vieux suiveurs, la promesse d'un fruit
vert; promeneuses des fortifs quêtant avec leur nez en trompette
la pièce de quarante sous qui paye une culbute dans les fossés.
Certaines étaient, pourtant, des régulières; bêtes de somme de
l'atelier ou de l'usine; gamines « chez leurs parents », dont les
gifles maternelles, sans en arrêter l'irrésistible besoin, modé-
raient les bordées. Parmi leurs amoureux, se triaient quelques
ouvriers de petit gain, mais exacts au labeur, qu'on retrouvait
au chantier le lundi et toute la semaine. Ce qui semblait toujours
à l'étranger l'accouplement d'une raison sociale : la prostituée
et son amant, n'était parfois qu'une idylle. Mais Daphnis eût
pu être le bouc, et Chloé, si savante, Lycénion.

L'amour armait souvent ces jalousies. Le bal, en dépit des municipaux abhorrés, devenait un champ clos.

Le père Debray intervenait, fort comme un Turc, de par ses biceps et l'autorité qui découlait de ses droits. Il obtenait une trêve jusqu'à la sortie. On se rencontrait dehors, où la querelle se vidait, ainsi qu'il sied entre gens d'honneur. Le rendez-vous était une impasse, rue Lepic. Un « aminche », par courte échelle, grimpait au reverbère, qu'il éteignait. Les adversaires, soigneusement mettaient habits bas. Et le duel

commençait, un duel où l'on se cardait la peau de bon cœur. Quand l'un des combattants, trop endommagé, pâlissait, les arbitres arrêtaient les hostilités. On remettait sa veste, on se donnait la main. Et la gazette parlée de la Butte mentionnait les péripéties de la rencontre, que la marche claudicante des adversaires et leurs yeux pochés, vaniteusement, le lendemain, par ces stigmates, attestaient.

Le dernier des Debray a voulu rompre avec ces habitudes,
En possession de la fortune des meuniers, il s'est flatté de pré-

sider à la plus
extravagante
des métamor-
phoses. Il héla
des ouvriers et les invita à faire diligence pour l'exécution de ses
ordres. Le moulin s'est payé des labyrinthes à travers plantes et
rochers, qui font penser à quelque duc de Chartres réinventant
Monceau. Dans le bouge enfumé, la lumière électrique entre à
flots qui fait chanter les blanches harmonies d'un frais décor aux
portiques entreillagés. Une entrée de bon accueil, rue Lepic,

conduit au Moulin par les degrés d'une terrasse à l'italienne. Le vieux bal n'existe plus. Le règlement est sévère qui en garde le seuil. Le contrôle est protocolaire. On exige des chapeaux. L'ancien débraillé de ces messieurs, mal vu des nouvelles élégances, n'a plus, son passage. Les gigolettes font la moue, puis réfléchissent qu'une frimousse de seize ans est jolie sous n'importe quoi. Elles nouent un ruban clair sur un chapeau de paille de vingt-cinq sous, se le campent sur le chignon et sont ainsi charmantes. Il n'en fallait pas davantage pour en faire des grisettes. Un ruban de plus, elles seront des cocottes. De la chance et un gentilhomme gâteux « un peu poire », elles seront des grandes dames. Maintenant, au Moulin de la Galette, les petites blanchisseuses de Saint-Ouen font des rêves d'avenir, et quoique les investigations des maîtres des cérémonies s'arrêtent à l'extérieur, elles mettent, pour venir, une chemise blanche. La prudence leur enseigne qu'on ne sait jamais ce qui peut arriver.

Luxe tout intime. Au Moulin de la Galette, on ne regarde pas seulement danser, on danse polka et valse, point de quadrilles. De cette façon, plus de ces danseuses qui, par la publicité de leurs dessous et la provocation des déhanchements, transformaient en spectacle le bal. Le vieux moulin, en cette jeunesse vraiment jeune qui se trémousse dans toute la sincérité du plaisir, évoque les belles soirées de jadis et se sent rajeuni de trente ans.

Le jeune Debray, pour un décor de haut relief, a supprimé et c'est là son péché, le jardin où l'on se balançait, où l'on tirait quelques macarons, « au tir de l'Empereur » ; où l'on faisait un tour de chevaux de bois, où l'on allait à ânes. L'âne est l'inséparable du meunier : où il y a des moulins il y a des ânes. Montmartre était le pays des ânes, étant le pays des moulins. On en glosait, il laissait dire.

Un gamin de Montmartre, qui fut chansonnier en 1848, — ce

qui lui procura, pour avoir chanté sous les drapeaux, en Juin, les plaisirs amers de Biribi, Jules Janin — point l'immortel — s'est vengé, en quelques couplets, des moqueries que cette réputation soulevait. « Il est des bêtes, à Montmartre, chantait-il, mais tous les ânes n'y sont pas ». Sa philosophie l'amenait à cette remarque d'une sereine bonhomie : « Au fond, tout cela fait du crottin pour not' jardin ».

> Les Montmartrois sont des gens crânes :
> Dans cet endroit que l'on blaguait
> En l' surnommant « l' pays des ânes »,
> L' dimanch' tout Paris accourait.
> Qu'qu'fois même d'augustes altesses
> Y voituraient leurs bell's maîtresses.
> Tout ça m' faisait du crottin
> Pour not' jardin !

D'augustes altesses, dans ces parages, voiturent encore leurs belles maîtresses; cela fait du crottin pour les jardins. En style moins vif : cela fait la fortune de la Butte. Mais à part le couple du Moulin-Rouge, les ânes légendaires ont disparu.

On les reverra : les plaisirs du passé sont la réserve de l'avenir. Le fils Debray, magicien qui a la baguette d'or des sacs d'écus, n'eut qu'à vouloir pour que, dans un éclair de féerie, le bastringue paternel devînt quelque chose comme les Porcherons.

« La danse est morte », Qui a dit cela? Refrain ridicule. Chantez-le donc, lorsque Bosc à l'orchestre, élégant et dans le train, fait danser à une foule, en sueur, qui délire, la polka trépidante des *Chauffeurs?*

Rien n'est moins changeant que cette humanité dont nous disons qu'elle change sans cesse. Ce sont les apparences qui nous égarent, les modes qui nous déroutent, l'extérieur qui nous donne l'illusion de l'autre chose; le fonds est immuable. On danse là où l'on dansait et comme on dansait et comme on dansera. Valse aujourd'hui, quadrille demain, fille en chapeau ou fille en cheveux, qu'importe : c'est toujours le goût du bruit, l'ivresse du vertige, le désir de l'étreinte. Le monde, dans ses plaisirs, ni ne vieillit ni ne se métamorphose. Il semble qu'il change : il fait comme les moulins, il tourne.

Le Bal à Montmartre

LA DANSE A MONTMARTRE

Le quadrille naturaliste, qui exige un entraînement et des dessous, intimida la jeunesse qui ne cherchait qu'une ivresse dans le rythme des enlacements. Le règne de la Goulue a été l'interrègne du bal. Du jour où elle se trémoussa, on ne se trémoussa plus : on la regarda se trémousser. L'*Élysée-Montmartre* devint une école d'acrobatie, après avoir emporté dans le tourbillon de la valse les modistes, les lingères, les chambrières et leurs amoureux, courtauds de boutique ou chevaliers de la demi-aune.

Cet Élysée était l'un des vingt ou trente bals dont la barrière de Montmartre se vantait. En haut, c'était le *Château des Brouillards,* derrière le moulin de la Galette ; la *Feuillée,* devenue le *Petit Moulin Rouge* — déjà ! — dans les forêts vierges de la rue Girardon ; le *Petit Tivoli,* dont Alphonse Karr rappela le souvenir dans son *Livre de bord.* « Il y avait alors à Montmartre, dit-il, un parc, presque un bois, entouré de murs, où l'on avait établi un Tivoli, un jardin public où l'on dansait, où l'on tirait des feux d'artifice ; mais l'entreprise ne réussit pas. On ne pouvait rien faire de ce bois ; je le louai pour 25 francs par an. »

Le long du mur d'enceinte, ce n'était que baise-gorges et pince-cœurs. Sur la seule chaussée des Martyrs, on trouvait le *Bal des Marronniers,* le *Bœuf Noir,* le *Bossu.* On tournait rue des Martyrs, et c'était, à droite, l'*Ermitage.* Le café qui en a pris la place en est le filleul. A l'angle de gauche, c'était le bal de la *Boule Noire* ; maintenant la *Cigale.*

Une estampe représente un bonhomme abominablement grêlé, débitant aux enfants le « plaisir » gagné au tourniquet. C'est un type montmartrois, Robert, qui, dans le fond d'un cul-de-sac, béant sur l'ancien mur d'enceinte, devenu le boulevard Rochechouart, ouvrit les *Folies-Robert.* L'orchestre était conduit par un garçon somnolent de ne jamais dormir son saoul, impénitent noctambule, si caractéristique avec sa tignasse crépue à la Dumas père. Il s'appelait Olivier Métra, et, pour ce bouzin, flegmatique qui vivait ses rêves intérieurement, il composait le *Tour du Monde,* et cette merveille de grâce voluptueuse : la chaste et passionnée *Valse des Roses.*

Métra ne quittait point Montmartre, qu'il y conduisît ou non un orchestre. Il y déambula jusqu'au dernier soir de sa vie, de brasserie en caboulot, de caboulot en bastringue, à sa suite traînant les étoiles du quadrille et les joyeux garçons des tardives noces.

Successivement, l'édilité et la mode frappèrent de mort tous ces lieux dansants. Il y avait beau soir que le Tivoli des rues

Blanche et Pigalle n'était plus qu'une légende, et que la *Reine Blanche,* désertée, voyait croître les ronces de l'oubli, quand la pioche, en 1882, s'acharna sur le *Château Rouge.* Pour le passage triomphal du boulevard Ornano, elle jeta bas cette construction élégante, mi-pierres, mi-briques, riante et claire. L'histoire locale n'y aurait pas vu les ombres enlacées de Henri IV et de Gabrielle d'Estrées, que vous en seriez surpris. De cet aimable pavillon, dans un parc enchanté, un sieur Babeuf, en 1845, fit un bal qui détermina la vogue. Quand les démolisseurs exécutèrent son arrêt de mort, il était mort depuis longtemps.

Le plus tenace était le vieil Élysée, qu'on avait toujours connu et qu'on ne cessait point de connaître. Les jeunes, en le fréquentant, renouvelaient sa jeunesse. Les soirs y étaient attirants, dans la verdure, sous la fraîcheur des beaux arbres. Le jardin était, il y a encore quelques années, une avenante « Idalie » de poche. La guinguette parvenue s'était payé de faux rochers, le filet d'argent d'un ruisselet, qu'enjambaient des ponts en bambou, comme à Monceau ; des grottes qui jamais ne chômaient de nymphes légères ; au sommet d'un labyrinthe était un temple pour une sibylle qui ne réussit point dans un lieu où la bonne aventure était connue des moins sorciers.

L'Élysée est devenu Trianon-Concert, grâce aux prodigalités d'un habile homme que l'industrie aux courses enrichit. Il a modifié le vieux décor ; ce n'est plus le bal d'antan dont il ne survit que la salle, agencée en salle de théâtre, et une partie du jardin. On l'aperçoit, du concert, en échappées, par de larges baies. Les flonflons se sont substitués aux ronds de jambes. Et c'est l'art d'un Maurice Millot, — l'un des maîtres de la revue et du couplet, — ou d'un Cellarius, ou quelque vieux vaudeville exhumé, qui retient, captive l'attention d'un public jadis accouru à d'autres fins.

De ces bouibouis d'antan, il
ne reste qu'un confus souvenir,
et rue Coustou une musette où la bourrée se danse à pleins bras,
sur un plancher sonore que des souliers ferrés font frémir.

C'était alors que, par des entrechats appris à la Boule-Noire
des mâles qui en étaient les assidus, la Goulue se révélait étoile
chorégraphique. On a voulu que Louise Weber ait été repasseuse : elle n'a guère que passé et repassé devant les bastringues

jusqu'au jour
où, gamine ef-
frontée, à l'âge
équivoque et
sans sexe, elle
osa en franchir
le seuil. Quel
fruit de belle
santé! Appétis-
sante et ver-
meille, blonde
d'un blond
soyeux, et la
toison abon-
dante. Le re-
gard libre, la
bouche petite et bien dessinée, le nez un peu épaté, mais aux
ailes mobiles des voluptueuses et des sensuelles. Provocante et
hardie, splendide de chair, évocatrice des flamandes de Rubens,
dont la kermesse met le corps en folie, elle n'attendit point
d'être femme pour exprimer la synthèse de la bête de luxure et
de plaisir. Elle fut bacchante du premier jour où la musique
éveilla la lascivité de ses pas. Ivre de la cadence, elle dansa,
effrénée, par une obscène intuition du rythme. Ses hanches se
tortionnaient comme si la brûlaient les tisons des stupres. Elle
était populaire et canaille, ordurière même, quand son esprit
s'arrêtait à mi-corps, et qu'elle tendait nue, dans l'audace d'un
violent retroussis, sa croupe de nerveuse et blanche cavale.

Un personnage la remarqua — n'était-ce pas au Moulin de la
Galette? — qui était quelqu'un dans le monde du chahut. Vestris
du bal public, laid, long, maigre, glabre, un cigare jutant
comme une chique à ses lèvres; on l'appelait Valentin le

Désossé. Ce n'était ni Brididi, ni Chicard ; il n'avait pas leur verve outrancière. A son flegme d'Anglais en voyage, le cancan convenait mal ; mais dans les danses de caractère, il n'avait pas son pareil. Mabille déchu, Valentin le Désossé — de son nom Jacques Renaudin — promenait, de bal en bal, le regret de sa gloire survivant à tant de splendeurs défuntes. Existence en partie double, le jour, rue Coquillière, il tenait un cabaret ; commerçant patenté, il s'empressait à son comptoir aux ordres de la clientèle. Il était débitant par état et danseur par vocation. Mabille fermé, il n'était que débitant, sa vocation sombrait dans le marasme. Mais il vit la Goulue. Et vous fûtes oubliées, Maria, Clara, Pomoré, Mogador ! De ses longs bras, il lui enlaça la taille. D'un geste sûr, il lui cambra les reins, doux et à la fois brutal, il l'emporta dans le tourbillon de la valse. L'élève docile, qui d'instinct se façonnait, s'abandonna toute à ce maître qui penchait sur sa frimousse son grimaçant profil de polichinelle. Il lui apprenait l'équilibre parfait des pas, l'harmonie du vertige. Plus tard, Jules Lemaître les surprendrait aux bras l'un de l'autre et son admiration serait sans mesure : « Elle tourne, dis-je, elle tourbillonne autour de lui avec une rapidité vertigineuse et si aisée, que si vous espérez jamais voir une grâce plus précise unie à une force plus souple, inutile de chercher vous ne trouverez pas. »

Valseuse, la Goulue fut restée Louise Weber, mais elle appliqua ce qu'il y avait en elle d'inconscience artistique au chahut, et de son pied ramassa le sceptre de Rigolboche. Et le cancan réapparut, mais il porta un nom nouveau : il fut le quadrille naturaliste. Cette résurrection s'accomplit en 1882 à l'Élysée-Montmartre.

La Goulue avait trouvé une partenaire, une perle : Grille d'Égout. Cette Grille d'Égout, avec la gigolette qu'était la Goulue casquée de l'or de ses cheveux en cimier, formait contraste. Modiste, qui disait « faire des heures » quand, de chez sa patronne, elle s'échappait pour s'introduire à Mabille, elle avait, de son métier, gardé une parfaite mesure dans le goût, presque bourgeoise, sans fausse note, un peu lourde, ajustée dans des toilettes discrètes, dont la façon était de son industrie. Jolie? non. Sympathique, bonne fille, d'une humeur égale, souriante d'un sourire de bonne compagnie qui découvrait deux dents, deux dents de rongeur, larges et menaçantes, mordant sa lèvre inférieure, que M. Henri Rochefort avait comparées aux deux grilles d'un égout. Expression injuste; autant en ses propos, la Goulue était ordurière, autant en les siens était réservée celle que Réjane — ayant pris d'elle des leçons pour *Ma Cousine* — devait appeler si galamment « Mademoiselle d'Égout ».

La palme de la danse lui appartenait sans conteste. Elle se défendait de la turbulence de ses compagnes. Quoique retenue, d'un geste de gavroche elle décoiffait, quand l'envie lui en prenait, un monsieur tout aussi bien qu'une autre. Sa victoire c'était le jeu des pointes, le bavardage de ses mollets fuselés; une broderie qu'elle variait à l'infini sur le thème de l'orchestre, toujours en mesure. Décence, qui ne voulait que mettre certain piquant dans l'esprit du quadrille. Ses dentelles étaient, autour de ses genoux, comme une écume légère de flots doucement agités. Elle bannissait le facile raccrochage de la chair, restreignant à n'être qu'un soupçon de rose, la vermeille bande de nu, qui s'étendait du noir de son bas tiré à l'entre-deux de son pantalon. Et jamais d'équivoque !

Elle dansait avec la Goulue. Les hommes de ce quadrille étaient Valentin et un seigneur de moindre importance. On souffrira que l'histoire ait oublié son nom. La renommée se répandit de cette danse qui fit revenir à Montmartre ceux qui en avaient désappris le chemin. On ne dansa plus à l'Élysée: on y regarda danser. La Goulue et Grille d'Égout firent recette. L'émulation gagna; des contrefaçons se produisirent que l'on encouragea. Le quadrille naturaliste ne fut pas qu'un numéro du programme, mais tout le programme. On délaissa

les danses de caractère, les professionnels seuls pouvant aspirer au privilège de danser sans ridicule devant un public venu pour voir — en voyeur. La danse-spectacle ira dans cette voie, en s'aggravant. Plus tard, ce quadrille semblera fade et se pimentera des cortèges de Rœdel, cet artiste ingénieux, l'un des plus spirituellement originaux de la Butte, qui rénovera, à l'intention du bourgeois affriandé, les charnelles théories des Quat'z'Arts.

Il symbolisera, par le nu, dans de trop courtes visions païennes,
les symboles éternels du désir et de la passion. Ce ne sera plus

assez des transparences des mousselines, et la ligne en maillot,
dans l'immobilité des poses plastiques fera contraste avec le
linge qui se trémousse et mousse. Ce fut la vogue du quadrille
qui détermina Zidler à tenter un coup d'audace.

Zidler exerçait l'industrie de boucher quand Paris fut investi.
Il était de ces hommes dont l'activité ne se retrempe que dans
l'imprévu, fût-ce le pire. Il obtint de présider à nos repas du
siège, peu copieux, et nous donna l'illusion de la nourriture. Au

cheval qui, à l'armistice, cessait d'alimenter nos tables, Zidler trouva une application moins famélique. A l'hippophagie, il fit succéder l'Hippodrome qu'il releva de ses cendres.

Le cheval annoblit et rapproche : l'ancien boucher était recherché des hommes de sport. Les écuyères mondaines traitaient d'égal à égal avec ce grand maître des écuyères du cirque.

Il devint l'intendant officieux des menus plaisirs de la ville, ne se dépensant qu'à divertir ses contemporains.

Il l'avait remarqué : ce qui nous manque le plus, ce sont les lieux de rencontre ; chacun cherche de son côté et s'égare. C'est autant de frustré sur le compte de l'amour aux minutes brèves.

Il se flatta de mettre celles-ci et ceux-là dans la bonne voie, tout de suite. L'Hippodrome, avec ses promenoirs, c'était déjà un peu cela. Il souhaitait un rendez-vous plus formel, un rendez-vous qui fût un rendez-vous ferme — où celle qu'on ne connaît point va au-devant de celui qui la cherche — et l'ignore. Il rêvait d'un lieu, enfin, qui fût quelque chose comme, à Athènes, la porte de Diphyle.

Il eut, à ce propos, deux idées pour une. Il restaura la vogue des montagnes russes, où est situé l'Olympia ; et, dans le concert Besselièvre, aux Champs-Élysées, il créa le Jardin de Paris. Les montagnes russes, c'était la trouvaille ; ce jeu nous venait de nos aînés ; le souvenir en subsistait à peine. Trajet tout en heurts, en violences, en chutes éperdues, gymnastique qui secoue les nerfs exacerbés. Nos belles affranchies se livraient passionnément à ce sport, qui variait les petites secousses des affolants désirs. Le Jardin de Paris, c'était Mabille ; mais un Mabille où la danse était le prétexte. Les étoiles du quadrille naturaliste en furent l'achalandage, applaudies des étrangers, un peu jaloux que de tels lauriers ne pussent croître que sur la terre de France.

Zidler, à ses entreprises, associait les frères Oller, Parisiens

qui savaient leur Paris sur le bout du doigt et n'avaient pas
leurs pareils pour dénicher, à l'heure propice, le coin où leur
fantaisie improviserait une nouvelle attraction. Le choix décidé,
ils concevaient le décor, l'architecture et le lancement. Le quadrille naturaliste faisait florès. La Goulue était à l'apogée. Le
Chat-Noir avait mis Montmartre à la mode. On était en 1889.
Les frères Oller s'arrêtèrent boulevard Clichy, devant le portique
rouillé d'un bal rustique, dont l'orchestre était muet depuis de
nombreux jours : la *Reine Blanche*. Une rotonde effondrée se
cachait dans un jardin galeux, dont nuls soins diligents ne disputaient les plates-bandes à l'ortie. Ils convinrent que l'emplacement était idéal pour un bal. Zidler aussi. On disait : « La
danse est morte. » « — Soit, répétaient-ils ; mais où voyez-vous
que nous allons ouvrir un bal pour qu'on y danse? Nous avons
vu le pantalon de la Goulue et même la Goulue sans pantalon :
nous tenons le succès. »

On n'avait jamais fait aux bals que des entrées solennelles,
en arcades, en portiques, avec pilastres et balustres. Des degrés
comme pour monter au temple, je vous demande un peu !
Et, soudain, par la volonté d'un artiste, Willette, éclate, dans
le plus étourdissant amalgame de lignes et de couleurs, une
architecture imprévue qui transforme un pignon en l'on ne sait
quelle vision mauresque aux ogives mystérieusement éclairées.
C'est Grenade. C'est l'Espagne. Une chaumière, et c'est la Nor-
mandie. Un moulin se trouve là, on ne sait comment, et c'est
la Hollande. Il a des ailes immenses constellées d'escarboucles.
Cela chatoie et vire dans une orgie de lumières et de mouvement.
C'est inattendu, c'est charmant, c'est fou. Et rien, non rien
qui dise ailleurs comme ces ailes de pourpre qui font la fenêtre :
« Mais entrez donc chez moi ! »

On entre. C'est d'abord la rue et le rut. On ne danse point :
il y a trop de monde. Il y a là les étoiles que l'Élysée, vaincu

par cette concurrence, a laissé filer. C'est tout le spectacle, avec
le marché d'amour — ou, pour plus d'exactitude — la « louée ».

Les samedis de redoute, en carnaval, au programme, se
surajoute le cortège, tableau d'un quart d'heure, vivant et colorié.
Il représente *1806, Valmy, la Gloire, Phryné, l'Amour, les Idylles.*
Amusettes d'un créateur jovial, qui n'ambitionne que de faire
grand. La mise en scène de ces cortèges, c'est la drôlerie des
drôleries. Dans les coulisses se vêtent, de pas grand'chose, de
belles filles qui préféreraient ne se
vêtir de rien du tout. La réclame leur
serait plus avantageuse.

L'essentiel est de trouver prétexte à exhiber ce qu'on peut offrir,
d'où le triomphe du quadrille. L'œil va au delà des jarretières,
et au delà même du voile, tant est fin le tissu, unique sau-

vegarde de la décence :
transparente ceinture de feuilles de figuier. Qu'à l'Élysée le père
Durocher avait de peine à conserver cette dernière hypocrisie !
L'air d'un vieux grognard qui a sombré dans les vignes du
Seigneur, ce père Durocher, qu'on nommait « le Père la
Pudeur ». Son nez d'un rouge épicurien démentait l'austérité de
la barbe blanche. Il accourait — toujours trop tard — punir
les écarts des jolies filles, les grands écarts, qu'elles savaient
plus capables d'achalander que toutes les réclames écrites ou
peintes. Il n'a que peu survécu à son bal ; il mourut du coup

que le Moulin-Rouge porta à l'Élysée, où Duprez s'épuisa dans une lutte inégale, avec l'aide de ce populaire et classique Dufour, qui conduisait l'orchestre d'un bras si vaillant. Devant Zidler, l'Élysée disparut.

On avait adopté le moulin. On y retrouvait dans la saison les étoiles voyageuses. Le firmament du quadrille naturaliste se constellait de météores qui n'étaient pas tous d'un rare éclat. Nini Patte-en-l'Air ouvrait une école d'application.

Mieux instruites de leurs intérêts, les femmes ont écarté les Brin-d'Amour et autres Fil-de-Zinc, pour demeurer entre elles, par quatre. Les étoiles d'abord : Grille et Rayon d'Or, Sauterelle et Clair-de-Lune. Rayon d'Or, l'aînée, l'ex-Olga de l'ex-Mabille ; un demi-siècle bien sonné ; blonde plus que jamais, de ce blond des rousses qui mentent ; un rictus de mort sur l'artificieux émail de ses dents ; une figure de cauchemar qui vous hante ; à la fois galante et macabre, qu'on a vue quelque part, un jour qu'on lisait Baudelaire, ou que sous les yeux, on avait, étalées, les planches sataniques de Félicien Rops. Sauterelle, qui vraiment danse, est Belge. Clair-de-Lune, est la belle-fille d'un capitaine au long cours qui aura plus navigué que son père.

Le second quadrille a recueilli une autre épave de Mabille : la Glue ; rentière, par la libéralité d'un amant sérieux, qui pourrait vivoter de son bien, en tout repos. Mais la fête l'englue, la Glue. Sa maturité, avec des façons de petite folle, court le bel oiseau bleu qui (Chéri, c'est moi qui paie !) chante la romance à ma-dame. C'est Léa, somptueuse. Cha-Hu-Kao, que Valentin estime digne de valser avec lui. Camélia, une désabusée, prompte au suicide, d'où elle revient, et surnommée Trompe-la-Mort. Cléo-pâtre, émule de Rayon-d'Or pour les dessous. Cascadeuse qui ne jette pas de perles aux pourceaux, et s'étonne de ne pas provoquer le contraire. Puis les jeunesses : Cri-Cri, troisième d'une trinité qui naquit à Montrouge, dans la boutique d'un rôtisseur, où toutes trois apprirent à rôtir des balais. La Môme-Fromage, à qui il ne resta plus rien à apprendre quand la Goulue l'eut éduquée. Et voici Pâquerette, Camélia, Rose Pompon : des fleurs à garnir tout un bateau... de fleurs.

On est des artistes, on touche un cachet, on a trois cents francs par mois, si l'on est Rayon-d'Or; deux cents francs, cent cinquante, cent, c'est selon : ces sommes représentent par soirée, l'obligation de quatre quadrilles, c'est-à-dire qu'on est défrayée à peine des chaussures et du blanchissage, si onéreux pour l'ample juponnage, qui mousse, en dentelles. Le métier ne vaudrait guère, si, à ces appointements, ne s'ajoutaient les feux — qu'on allume. Le bal est la vedette de la luxure : du bout de sa bottine, on entraîne parfois avec le chapeau, le monsieur qu'il coiffait. L'engagement est tutélaire : il tient compte des nécessités. Il laisse aux danseuses la marge d'un quadrille sur deux, pour aller à leurs petites affaires, « michetonner », comme elles disent. Toutes ne sont point la calme Grille-d'Égout, à son musicien de la garde exactement fidèle.

L'étranger, cependant, une fois au Moulin, a l'air de quelqu'un à qui il manque quelque chose. Il cherche la Goulue. Elle n'est plus là. Au temps de sa splendeur, on lui offrit le petit hôtel tapissé de billets bleus. A qui le lui promettait, elle fit le geste de la Mouquette. Elle était toute à Charlot le déménageur. Elle dorlottait sa tendresse dans une chaumière, tout en haut, sur la Butte : une idylle ! Charlot déménagea — et lui-même, et les meubles. La Goulue inconsolée, lâcha le Moulin-Rouge, et s'en fut courir le monde dans une roulotte. Lasse et lourde, ombre méconnaissable du Rubens qu'elle fut, elle dansait quelques mesures orientales. Puis, un belluaire, le fils de Pezon, l'enleva. Il lui fit endosser un habit rouge soutaché d'or, la botta à l'écuyère, et lui mit à la main l'impérieuse cravache des dompteuses.

La Môme-Fromage, la Goulue, Grille-d'Égout, Rayon-d'Or,

gloires d'hier, qui vivent sur le passé. Leur quadrille est une
mouture qui, même au moulin, donne plus de son que de farine !
N'est-ce pas l'indice du trop vu et de l'aspiration vers autre
chose? Si l'on changeait, meunier, mon ami? Et si danser,
signifiant qu'on danse, on avait enfin des bals où l'on danserait?

La Veilleuse de nuit

LA VEILLEUSE DE NUIT

On chantait jadis : « Montons à la barrière ! » On ne chante
plus ce refrain, mais à la barrière on monte encore. On monte
même à la barrière Montmartre avec plus d'entrain qu'autrefois.
Le bruit s'est répandu en ville que l'amour y tient ses états :
traduisez qu'on y fait assez communément état de l'amour. Ce
qui n'a rien d'exagéré ni non plus de très nouveau. La galanterie y a de beaucoup précédé l'Abbaye de Thélème. Explorez
aux Archives le fonds des procès judiciaires sur le Montmartre
d'antan, vous serez frappé du nombre des contraventions dressées
contre les cabarets que la prostitution achalandait. La servante

était d'aussi facile accès que le broc, et la plus prude eût mérité
que Mathurin Regnier lui dédiât les mêmes louanges qu'à la
Macette :

> Je ne m'étonne donc, Macette
> Si vous avez tant de pratique,
> Et s'il n'est courtaud de boutique
> Qui chez vous ne prenne du vin.

Le guet survenait, fâcheux, et délogeait dans les chambres des
amants d'aventure. Une fois même, c'était à Clignancourt,
le scandale fut inouï. Du lit, l'exempt tira un moine en bonne
fortune, prédicateur écouté. Le saint homme et ses compagnes
— ce raffiné en avait deux — furent traînés devant les justicières
du lieu qui étaient les nonnes, embarrassées d'une prise aussi
scabreuse.

Ces cabarets borgnes se rencontraient dans la campagne, et,
plus tard, à proximité de cette muraille d'enceinte uniformément
grise, aux moellons frustes, coiffée d'un chapeau de tuiles. Elle
était percée sur soixante-trois points. Ces percées étaient les
barrières. La barrière des Martyrs se trouvait où est aujourd'hui
la place Pigalle. Hors ces ouvertures, la muraille se déroulait
sans solution de continuité, dans son exaspérante monotonie.

Ce mur d'enceinte, d'un voisinage si peu recherché, coupait
au milieu la chaussée, à peu près entre les deux rangées d'arbres
qui en ombragent le terre-plein. A cinquante toises en deçà,
donc hors Paris, il était permis de commencer à construire.

L'acquéreur y élevait la masure chétive qui devenait hôtel
borgne ou cabaret. « Partie des bandits qui exploitent Paris, a
écrit un magistrat, ont une préférence marquée pour les boulevards extérieurs. Ils espèrent, en s'y cachant, y trouver l'impu-
nité. » Il nous reste de ces accusées, maisons naines sur lesquelles
s'étend on ne sait quelle tutélaire apathie. Elles ont gardé leur
allure d'autrefois, leurs habitudes et leurs habitants. Sur le ba—

digeon de leurs façades un coup de pinceau les éleva à la dignité
d'hôtels. On y campe plus à l'étroit que jadis et dans une promiscuité que la facilité des mœurs autorise. Leur falot les désigne
la nuit entière à des passants qui n'y séjournent d'ordinaire que
peu. Ils entrent derrière le jupon qui les y entraîna et redescendent, à peine allumée la chandelle qu'on leur tint. Ces bicoques
ont des destinées qu'elles poursuivent, impénitentes et très humbles. Le luxe adjacent ne les ayant pas touchées, elles sont pa-
reilles à ce qu'elles furent lorsqu'elles sortirent du sol crayeux de
la butte, à l'ombre propice du mur de la Ferme.

Ce mur ne résista pas à la volonté impériale qu'indiquait le
projet grandiose d'Haussmann. Les chansonniers, pas encore
rosses, célébrèrent cet événement libérateur.

> La ville va livrer aux démolitions
> Son vieux jupon de mur, et déjà s'achemine
> Vers les fortifications,
> Pour s'en faire une crinoline.

Le prodigieux magicien dora la brutalité de cette exécution
par la promesse d'un boulevard extérieur qui serait la joie de
Montmartre. « Convenablement nivelée, assainie, macadamisée,
disait-il, garnie de larges trottoirs et de plantations, cette voie,
que n'attristera plus une nuit sans fin, sera bientôt recherchée.
D'élégantes maisons ne tarderont pas à s'y élever, et dans peu
d'années peut-être, le luxe et les affaires y porteront une partie
de leur mouvement. » Au lendemain de ce discours les ouvriers
attaquaient le mur de la Ferme Générale. La barrière Pigalle
était détruite. Une place, un bouquet d'arbres et une fontaine la
faisaient oublier. Les modestes cabarets d'angle, qui avaient eu de
si turbulents aînés, emportés du même coup de pioche, livraient le
terrain net à des propriétaires dont la confiance devait répondre
à l'espoir du grand baron. Des immeubles s'élevaient, imposants

et majestueux. Aujour-
d'hui, le Protocole, en la
personne de M. Crozier,
du haut de l'un de ces
balcons s'accoude où la
plèbe se débrailla et rêve
aux complications savan-
tes de l'étiquette et du
cérémonial.

Le lambeau de mur qui s'écroula, durant trois quarts de siècle,
avait masqué, comme un rideau, le territoire qui s'étendait du
Père Lathuile au Petit Ramponneau, avec ses masures en guinguettes, ses cabarets, ses hôtels minables, ses bals. C'était comme
autant de grains de folie que le boulevard enfilait en chapelet.
Les dévots du plaisir le disaient avec une ferveur qui ne parut
se démentir que pour s'afficher, plus chaude et plus contagieuse,
quand, sur cette frontière désaffectée, l'ancien Boulevard du
Crime vint revivre sa vie turbulente.

La haute noce a pu se ruer sur Montmartre sans déranger, de

son trottoir, la prostitution qui y vaquait. La pierreuse a vu
venir la courtisane attirée par les ailes de pourpre du Moulin-

Rouge et ne s'en
est ni étonnée ni
offusquée. Cette harmonie qui
règle toutes choses dans une
société policée en assignant à toute chose sa
place, pour la plus grande violation des principes
égalitaires, n'a mis au cœur de l'habitante des hôtels borgnes,
ni colère, ni haine. L'ambition de changer de condition en
changeant de linge, et de client en changeant de condition, n'est
pas venue à la fille de bouiboui, capital des jeunes sacripants,
dont elle entretient de mazagrans la paresse crapuleuse. Le luxe
des parvenues l'a laissée indifférente, les mains dans la poche
de son tablier et se fichant du tiers comme du quart, même

celui qu'elle fait, elle est restée soumise au petit homme qui surveille le travail en faisant sa manille chez un mannezingue. du boulevard. Trois ou quatre comptoirs ont le profit de cette clientèle qui veut le monopole de la place, qui en expulse l'intrus par la brutalité de ses façons. On cause là de ses petites affaires entre aminches et vieux poteaux, et l'on se plaît à les envelopper d'une certaine nuit.

Ce n'est point qu'on se tienne à l'écart de la vie des alentours, replié sur soi, retenu dans son monde. On se mêle, volontiers, aux ébats du nouveau Montmartre, mais provocateurs et agressifs, histoire de prouver qu'on serait les maîtres du lieu, et sa terreur, si on voulait user des droits qu'on tient d'une charte qu'on s'est octroyée, de par la mariolle et le surin. De temps en temps, les jeunes surtout, à la terrasse de leurs débits habituels, s'excitent aux prouesses. C'est leur tournoi dont l'enjeu est la couleur de leurs dames ; attentats pour l'honneur, sans plus. Ils gagent d'arracher à ce passant sa canne. Henri Somm, un soir, à onze heures, est dépouillé de son lorgnon qu'un souteneur a promis d'apporter, manifeste trophée de sa crânerie, à la fille en cheveux qui, dans cette expédition, l'admire. Descendre le ponte pour rien, pour se faire la main, comme le tireur vise la cible, c'est une manière de sport. Puis on a ses grades à conquérir ; sans quelque coup d'audace on n'est personne et la femme renâcle d'avoir à courber sa volonté sous la loi d'un mâle indigne.

Aux souteneurs de Montmartre, le chroniqueur Edmond Lepelletier doit l'une des joies les plus violentes de sa vie. De loin, le prenant pour un bourgeois vulgaire, ils délibérèrent, certaine nuit, de lui demander l'heure. Ils s'approchèrent, il se nomma. Un réverbère projeta sur son visage, si populaire dans les environs de la place Pigalle, une lueur libératrice ; et la main déjà levée sur son crâne, s'abattit, familière, et tendue pour l'étreinte.

C'est qu'Edmond Lepelletier a été un montmartrois d'avant la banalité de Montmartre. Il n'était recoin qu'il ignorât, bouge qu'il n'eût exploré et empli du clairon de sa verve. Il paraît que cette connaissance des souteneurs de la Butte lui coûta une préfecture.

Il avait été recommandé à M. Constans par Floquet. On devait lui donner un poste de combat en province à l'approche des élections de 1889. Déjà, il avait échangé des vues avec le ministre dans des audiences particulières. Il préparait son prochain départ.

... Qui donc, minuit sonnant, avait mué en potiron le carrosse où son autorité devait faire son entrée en Avignon? Oh! une magie bien simplette, une plaisanterie d'un confrère, pas pontife pourtant, et qui, politicien célèbre, était tombé dans le journalisme, comme il était lui à la veille de passer dans l'administration. Celui-ci l'avait rencontré à Montmartre, où il fréquentait lui-même : « Hum! mon cher ministre, avait-il dit à M. Constans, vous allez nommer Lepelletier préfet? C'est un garçon... (il énuméra ses qualités brillantes, et arriva à la restriction fâcheuse) seulement il est resté bien jeune. Imaginez-vous qu'à son âge, il fait encore du Rat mort! »

Très volontiers, Edmond Lepelletier raconte cette mésaventure. « Je ne fus pas nommé, dit-il, pour cause montmartroise. Dégommé, avant le décret, ma foi j'ai montré contre fortune bon cœur, j'ai continué à faire un peu de Rat mort. On me voit aux Quat'z-Arts, à la place Blanche, on me connaît au Moulin. Je rends des coups de chapeau dans Montmartre, où, populaire jusque chez nos escarpes, même passé deux heures, je ne crains pas les coups de surin. »

Le souteneur de Montmartre est d'une espèce particulière. C'est un natif. La mère, la « dabe », dont il se réclamera s'il est chopé, est quelque honnête bonne femme de Clichy ou de Saint-

Ouen, indulgente à la crapule de son fils qui débuta, les nuits
du moulin de la galette, dans l'ombre de l'impasse Girardon.
C'est un jeune gueux, loquace et abondant en ruses. Place Maub

on a le crime italien,
on donne du cou-
teau ; Montmartre
surine moins : il ter-
rasse. Il y a, Avenue
des Tilleuls, un ca-
baret que tient hon-
nêtement Pons, le
lutteur, qui jouit du
record « de la lutte
dans le monde ».
Sa boutique est une
arène et un gymnase.
On s'y entraîne aux
exercices physiques.
Des professionnels
s'y font du biceps
auxquels s'adjoi-
gnent les mauvais
gars de la Butte qui
ambitionnent de
fonder leur empire par la force sur la terreur. On arrêta un de
ces bandits qui, seigneur du territoire de Clichy, avait décidé de
prélever, chaque nuit, et sur chaque femme, un impôt. Dans sa
ceinture il portait un poignard. Ainsi armé, il recueillait sa dîme.
Celle qui résistait était tailladée d'un coup de poignard, jamais
au visage ; il ne faut pas abîmer la marchandise. Cette tyrannie
dura des mois, sans plainte de la part des filles exploitées.
Non qu'elles fussent consentantes, mais la dénonciation d'un

souteneur les voue à un inexorable châtiment. Elles le savent,
elles se taisent. A moins qu'à bout de martyre, et jouant leur
va-tout, elles n'appellent, enfin, à l'aide, la police.

Tous les souteneurs ne sont point d'aspect si farouche. C'est
un fashionable, bien vêtu, au parler d'or que ce personnage

dont l'industrie consiste à pourvoir les maisons galantes des re-
crues qu'il fait sur le boulevard. Il se dit placier. Aux cher-
cheuses de situations confortables, niaises et assez jolies, il offre
son concours. C'est vers l'Olympia ou devant le Moulin-Rouge
qu'il jette, avec le plus de succès, l'hameçon. Il y pêche la novice
fraîchement débarquée qui flâne devant l'enseigne du luxe,
sans vice encore, mais déjà sans vertu. L'affaire pour la conclu-

sion se traite, loin de la barrière, dans un bar algérien du faubourg Montmartre, qui est le rendez-vous des courtiers en chair blanche.

Aussi cossu d'aspect, le souteneur, voleur de titres, aristo de la pègre, le seul à qui le métier profite. Point brutal, mais avisé, et sans jamais de « raisiné » aux mains, c'est trop salissant ! La pince-monseigneur est le moyen des brutaux ; il a le parler matois, et la persuasion lui réussit mieux. Il insinue où le maladroit fracture. Agent de change, à sa manière, il négocie, avec Londres, les valeurs qu'un plus audacieux détrousse à l'esbrouffe. Il fréquente un café, rue d'Orsel, un petit café paisible, où il joue à la manille en la compagnie de bons vieux rentiers, ravis de disserter finances avec un homme aussi au courant des affaires de bourse — qu'il coupa.

Son émule d'un degré au-dessous, le bookmaker, qui a ses femmes dans les maisons de rendez-vous, se mêle de plus près au ruffian, au petit voleur à la tire, au détrousseur de poulaillers qui, s'étant fait la main aux étalages, aguerri et agile, « va en l'air », c'est-à-dire cambriole.

Le gain des expéditions à domicile s'arrondit de la rançon demandée à la gosse qui bat son quart, du boulevard Ornano à l'avenue de Clichy. Il l'y surveille, protecteur redoutable, et la frangine, gratitude ou crainte, « aboule l'os » qui permet au petit homme les longues stations dans les cabarets louches qu'emplit son exubérance sinistre. Sa paresse s'y vautre, agressive, jusqu'au moment où le frappe l'interdiction de séjour — la *trique.* Cette « trique » c'est la chaîne des condamnations sans fin. Triqué, interdit, la nostalgie le reprendra de Montmartre et de ses franches lippées. Rompant son ban, il y reviendra, sera repris, et repris encore, et repris sans cesse. Cinq ans d'interdiction, c'est la pénalité qui l'affole sans l'assagir, tant la pente est raide qui va du bouge au bagne.

Le Chat Noir eut à lutter contre l'intrusion de ces barbares. Évincés du cabaret, ils avaient comploté d'en faire le siège et l'assaut. Ils fondaient en nombre sur la terrasse où se livraient des combats méthodiques. Ce fut au cours de ces mêlées qu'un des garçons de Salis, frappé d'un coup de chaise à la tête, le crâne fendu, succomba. Cet incident ne fut pas étranger au déménagement du Chat et à sa translation dans l'hôtel somptueux dont le monde aristocratique apprendrait le chemin. Un coup d'éventail nous a valu l'Afrique, un coup de chaise a peut être fait Montmartre.

Le Montmartre nouveau est dépossédé de cette population. L'un après l'autre, on lui a pris ses centres de rendez-vous. On l'a chassée de l' « Œil crevé », un comptoir qu'elle avait envahi, la nuit. Un bar où elle avait ses franchises est devenu, métamorphosé, le pimpant « Cyrano ». Un souteneur honoraire avait ouvert, près du Moulin, un troquet où les frères se coudoyaient. Cette complaisance n'eut qu'un temps. Cinq ou six refuges restent seuls hospitaliers à cette tourbe.

Ce qu'elle regrette, ce sont ses bals : le Grand-Turc, la Reine-Blanche, la Boule-Noire. La Boule-Noire surtout où leur fashion faisait ses épates : c'est la Cigale, à présent.

Ce café-concert a deux entrées, l'une toute flambante sur le boulevard, l'autre ménagée dans le pan coupé, et qui n'est que la porte même de l'ancien bal, avec, on l'a vu, cette différence qu'une cigale a été substituée à une boule. Pierre Delcourt, le secrétaire du « Vieux Montmartre », a vu cette boule, et ce qu'il en sait ajoute un intéressant chapitre à l'histoire de nos enseignes. Une femme galante, en 1822, fonda cette manière de vide-bouteille, cabaret à tonnelles et jardin. Elle avait joui d'une réputation piquante sous le Directoire, la gazette scandaleuse l'avait prêtée à Barras : on ne prête qu'aux riches. On croyait savoir qu'elle avait été sa favorite, car on savait d'elle à

peu près tout ; elle n'avait rien de caché. Son bal en témoignait, qui s'appela longtemps la *Belle-en-Cuisses*. Elle disparut. L'établissement, modifié par la suppression du cabaret, perdit son premier nom dans des conditions assez cocasses. Le propriétaire, en agrandissant la salle de danse au détriment du jardin, s'offrit le luxe d'un portique — celui que l'on voit encore. Il le couronna d'une boule de verre, puissamment éclairée, le soir. Alors, dites-vous, c'est la Boule blanche? Attendez. Il avait compté sans les intempéries : le verre se couvrit d'impuretés, sa glace se ternit, et, de transparente et cristalline, la boule devint noire.

Les de Goncourt ont fréquenté ce bal, qui leur inspira une étude, vigoureuse comme une eau-forte. « La salle avait le caractère morne des lieux de plaisir du peuple. Elle était éclatante d'une richesse fausse et d'un luxe pauvre. On y voyait des peintures et des tables de marchand de vins. Des appareils à gaz dorés et des verres à boire des « poissons » d'eau-de-vie ; du velours et des bancs en bois ; les misères et la rusticité d'une guinguette dans le décor d'un palais de carton. » Savaient-ils que ces peintures — des copies de Boucher — étaient d'un second prix de Rome ? On assure que Rigolboche, fuyant la maison paternelle, le soir, y fréquentait, préludant à ses triomphes. En réalité, celle qui, à la Boule-Noire, précéda la Goulue, nous vint de Nancy, libre de ses gestes ; pour s'es

sayer dans les grâces du cancan, elle n'avait pas à déjouer les ruses paternelles.

La prostitution mâle n'a plus ces refuges dansants. Le Moulin de la Galette même l'a reniée. Elle recule vers la Chapelle ou s'enfonce vers Saint-Ouen, entraînant dans sa retraite la prostitution la plus déchue.

Une autre raison accélère ce nettoyage, la disparition de l'hôtel borgne où il en coûtait à la fille dix sous pour dire au client, volets clos et verrou tiré : « Mon chéri, mets-toi à ton aise. »

Ne faut-il rien céler? Autrefois sur cette bande pelée des boulevards extérieurs, béaient, désignées par leurs seuls numéros, quelques métairies. La plus réputée flanquait l'angle de la rue de Steinkerque.

En dépit de ses ruminantes avachies, aux fronts lourds festonnés de la dentelure de leurs cheveux peints, de ses banquettes garnies de moleskine rouge et de la règle imposée par l'œil cruel et froid d'une matrone, ce rendez-vous de filles en chartes disputait des clients chics aux marchés couverts des grands quartiers. Il n'est plus à Montmartre de ces asiles hospitaliers. Le lupanar, comme la boutique, a suivi la mode simplement, et désormais l'encan se fait à l'étalage.

Sur la chaussée du milieu sous les arbres, pour lesquels le baron Haussmann rêvait une si flatteuse destinée, comme l'ombre est discrète et l'espace peu fréquenté, la veilleuse de nuit se promène, nu-tête, en quête de l'amour qui estime le bon marché. Il lui apparaît sous les traits juvéniles d'un Éliacin dont la bourse est plate et timide qui ne cède qu'à l'injonction impérieuse des curiosités printanières. Palefreniers de la Compagnie des Petites Voitures, voisins du boulevard, manœuvres dont l'équipage est pauvre ; garçons de magasin dont, par aventure, la chambre, au cinquième, n'est pas mitoyenne de celle des bonnes ; ivrognes qui ont le vin lubrique, sont les clients attitrés de la femme du dix-huitième, que la chaussée — infranchissable — sépare de la femme du neuvième, mieux ajustée, moins crapuleuse, quatre fois plus chère et qui a son gîte dans la direction de Paris.

A le bien voir, la pierreuse est, elle, de moins bonne prise que la tapageuse du Moulin ? Elle a de seize à trente ans, elle n'est point laide. Effrontée, drolichonne dans l'abject, la riposte à fleur de langue, la main preste et le cœur sans répugnance : nippez-la, donnez-lui l'amour du confort, la gloriole du chez soi, la vanité de la toilette et la même femme sera une autre femme. En cette matière, le prix n'est pas dans le tableau, il est dans le cadre. Elle peut dire à ses amants comme certains industriels : « J'ai diminué mes frais généraux pour en faire bénéficier la clientèle. » Mais gare la fouille dans les gestes d'approche ! La main qui lutine vers les poches, en réalité, les explore. Et tel, ainsi pressé dans des bras nerveux, a cru à la sincérité d'une étreinte, qui ne marquait que l'exode de son argent dérobé et prestement enfoui dans... le coffre-fort naturel dont le galant s'était, une seconde, flatté de connaître les détours.

Les hommes d'âge mûr ont gardé le souvenir des mœurs de cette galanterie, il y a seulement vingt ans. Raccroché d'un coup d'œil, on s'accordait en trois mots. On traversait le boulevard, on entrait à l'hôtel. La demoiselle s'annonçait ; une adipeuse mégère lui remettait un bougeoir auquel était attaché un numéro découpé dans un disque de cuivre. Il indiquait un étroit cabinet, sans lit, flanqué d'un canapé pour tout meuble, et d'une table. On apportait une bouteille de vin et les verres. L'homme en bonne fortune donnait deux francs. Ce prix comprenait la femme, la chambre et le vin, liquide unique qui étanchait la soif et se prêtait au reste. Ces habitudes n'étaient en réalité que celles des anciens cabarets : le pichet servi en lieu clos et la servante avec le pichet.

La police de M. d'Argenson estimait ces façons intolérables ; elle les condamnait. Le règlement le plus précis est de 1778. Ne croyez point qu'il soit aboli. Il est en vigueur et, de temps en temps, le préfet de police le rappelle à ces sourds que sont les hôteliers. Il entend qu'ils exigent de leurs locataires un certificat de bonnes vie et mœurs ; il leur prescrit de mettre les hommes et les femmes dans des chambres séparées, à moins d'un contrat de mariage. On peut croire ces prescriptions lettres mortes. Une enquête est inutile pour juger de la moralité de ces filles, et l'on sait que le contrat de mariage tient en ces brefs propos échangés sur l'asphalte : « Seras-tu bien co…quette? — Autant, mon beau blond, que tu seras généreux. »

Les Reposoirs galants

LES REPOSOIRS GALANTS

On a défini Montmartre « le pays où l'on *vadrouille* ». Le mot
n'est pas joli. Les linguistes lui ont cherché une étymologie, et
lui en ont trouvé plusieurs. Ils se sont accordés, autant qu'éty-
mologistes s'accordent, à découvrir que « vadrouille » se dit, dans
la marine, du petit balai de loques qui va dans les mauvais
lieux. Ce n'est pas excessivement flatteur pour la vertu de
Montmartre, qui sollicite la vadrouille et la retient. Mais si
son amour-propre peut en souffrir, il s'en console en songeant
ce qu'y gagne sa renommée. On n'a le monde que si l'on est

réputé ainsi. Imaginez-vous la détresse du Palais-Royal depuis qu'il est un endroit honnête? Il n'est jusqu'à la bourgeoisie sévère et cossue qui ne l'ait déserté. Les boutiquiers ont clamé dans le jardin devenu désert : « Qu'on nous rende les jeux et les nymphes; qu'on nous ramène les merveilleuses aux tuniques transparentes; que Mme Tallien nous revienne outrager la pudeur: il y va du pain de nos enfants. » La mode est sourde aux sanglots et pousse où il lui plaît le troupeau nourricier des muses légères. Tantôt elle fait halte à Monceau, dans la galante oasis que le duc de Chartres fait surgir de la plaine aride des Sablons ; tantôt elle fait s'attarder nos grands-mères tout au bas de la côte des Martyrs, aux Porcherons. La Révolution les y surprendra, dont l'orage culbutera de si frêles abris. Mais, tout proche, un quartier s'édifiera qui comptera dans la géographie du pays du Tendre : Bréda.

Bréda est le nom d'une rue ainsi appelée d'un quelconque propriétaire du passage qui précéda la rue. Elle naquit en 1830 du coup de baguette qui engendra, dans le Montmartre du bas, le quartier Notre-Dame-de-Lorette.

Alexandre Dumas, qui assista à la transformation, laquelle fut spontanée, y vit quelque chose de l'influence de Hugo. Le poète avait porté un défi aux architectes, et ceux-ci, piqués au jeu, s'en furent trouver les entrepreneurs, avec des plans de maisons italiennes, espagnoles, grecques. On eût dit tout à coup retrouvés et rouverts les cartons de Jean Goujon, de Raphael et de Palladio. Ce quartier improvisé se peupla d'artistes et de gens de lettres mais surtout d'une nouvelle race, fraîche éclose au milieu de la population parisienne, et qui resta quelque temps sans nom. Elle se composait de charmants petits êtres féminins, propres, élégants, coquets, sans genre défini; ni filles, ni grisettes, ni courtisanes. Ce n'étaient pas des bourgeoises, c'étaient moins encore des femmes honnêtes.

On venait d'édifier au milieu de cette bourdonnante population un boudoir au Seigneur, qui faisait office d'église ; il était placé sous l'invocation de Notre-Dame de Lorette. Le 20 janvier 1841, dans le *Nain Jaune*, Nestor Roqueplan se livra à l'étude de la femme restée rebelle à l'analyse de Dumas le père, et qu'analysa si bien Dumas le fils. Il la nomma la *lorette,* du nom de l'église où l'absolution faisant bonne mesure, on lui remettait ses péchés.

Bréda — « Bréda street » — a perdu, par le départ de sa population primitive, sa renommée usurpée. Ce n'est plus qu'une petite rue vieillotte, oubliée du nouveau Montmartre ; ni bourgeoise ni galante ; hâtivement et mal construite, ou même, de ci de là, sur ses deux cents mètres en pente raide, pas construite du tout. Sa place, avec ses fiacres endormis contre un kiosque, à l'ombre grêle de trois arbres, est bonnement provinciale. Point de boutiques que d'alimentation et les utilités classiques : le coiffeur, le pharmacien — et herboriste qui est le dernier endroit où l'on cause... tout bas.

L'historien du quartier Bréda n'y reviendrait pas vainement : il y pourrait consulter les parchemins de la galanterie. Telles dames y fréquentent qui les portent sur le visage. Vieilles belles dont le concours des drogues déguise la décrépitude, immuablement rousses par l'artifice de la chimie. Maintenant retirées du commerce des hommes, elles se suffisent. Imposantes et froides comme l'antique, elles se plaisent dans le mystère des brasseries, où le mâle, s'il y vient, sait qu'il doit, en entrant, laisser l'espérance à la porte. Elles se plaisent, deux à deux, adonnées à la passion qui ne meurt pas : le jeu. Du matin au soir, ou mieux, du soir au matin, dames de cœur tout à la dame de pique. La brasserie est aussi table d'hôte, imitée de celles qui florissaient dans ce quartier, autrefois, sous l'égide de Mlle Estelle ou de la mère Cornefiche — cette dernière, épouse battue d'un Lovelace de la Reine-Blanche ; une manière de concierge-restaurateur, faisant fortune à loger et à nourrir les petites dames seules. Elle leur faisait crédit jusqu'au jour où elles lui amenaient un mylord. On dirait, aujourd'hui, un mi... Chut ! L'amant d'un jour payait pour les jours sans

amant. « C'est ici comme au Café Riche », disait-elle. Mais le Café Riche, dans le menu, n'était rappelé que par l'addition.

Les tables d'hôte n'ont plus de ces façons : à la Souris, au Hanneton ou chez Amandine, agapes où la femme domine, quand elle n'est pas que l'exclusive clientèle. Célèbre dans un monde qui perpétue les habitudes des courtisanes que fit dialoguer

Lucien, Amandine, consolée d'un amour malheureux par ses
sœurs expertes en protestations câlines, ouvrait, passage Pigalle,

une table d'hôte. On ne s'y asseyait qu'invité. La présentation
était obligatoire. Une amie y faisait adopter son amie ; elle y
faisait tolérer son amant. Le repas était bon et bon marché,
mais les liqueurs étaient chères. Chacune payait pour soi. Un
homme compromettait la femme dont il soldait l'écot. De belles
filles venaient là, celles de Millet et de Corinthe, qui, ne fût-ce
que par curiosité, s'attardaient en l'île voisine. Elles étaient,
parmi les plus réputées : Émilienne d'Alençon, Fanny Robert,
la comtesse Latischeff, Suzanne Néry. Parmi les quelques fidèles
masculins, un homme de bourse faisait éclat, prodigue en pré–

sents. Il jouait le serpent tentateur en ce milieu — comme dans d'autres. Il s'appelait Arton. Le voisinage s'offusqua des badines théories dont la publique énonciation faisait rougir de séculaires habitudes, et Amandine fut contrainte de porter sa table d'hôte, rue Duperré, loin des oreilles candides.

On déjeunait chez elle, on y dînait. On allait prendre l'apéritif au Hanneton ou à la Souris. Au Hanneton, principalement, où triomphait Marcelle, dite Papa; mère Gigogne, d'un sexe indéfinissable qui, au sixième enfant, renonça à l'époux, à ses pompes et surtout à ses œuvres; et par prudence se fit chercheuse d'autrement. Sa réputation s'en accrut; d'un front parfaitement serein, elle afficha les stigmates de sa perversité. Où elle fut, ce fut le centre; et toutes accoururent, détraquées et pires, qu'elle inclina à son erreur. La concurrence fut désormais entre le Hanneton et la Souris. Le mépris avec lequel Marcelle Papa disait de la Souris :

— Sa table d'hôte: peuh ! moitié hommes !

Le fond de la société féminine de ces brasseries est stupéfiant. Aïeules masculinisées, hommasses qui se sont amassé quelque bien; ou qui, héroïnes d'une liaison par l'éloignement devenu historique, ont pu sauver, intact, le titre de rente inaliénable que leur beauté lointaine arracha à l'amant magnifique. Des acquêts de leur lit, elles ont accru leurs domaines et vivent, quiètes et imposantes, sur les revenus de cette tire-lire du temps où elles avaient des mollets : leurs bas. Femmes de tête, calculatrices et pratiques, sur les traits de leur visage se lit, dans une dualité attirante, l'aveu des complaisances charnelles et le dédaigneux calcul des refus. Elles en gardent cet air de hauteur qui impose, comme le sommet dont on admire l'élévation, encore qu'on sache par quel sentier on y monte. D'aucunes, cependant, furent les inaccessibles; leurs flancs abrupts, jamais foulés par le touriste.

De Toulouse-Lautrec, dont l'art morbide et délicieux est voué à toutes les floraisons des voluptés de serre-chaude, s'est fait leur peintre. Il sait les anciennes en jupe droite, au corsage plat, au petit col rabattu, le cheveu lisse et sans chignon qui ressemblent à de vieux maquignons habillés en femmes ; il connaît les antiques blondes à la Titus, décharnées et peintes, dont le sourire, avivé de rouge artificiel dans la pâleur d'un visage osseux, grimace le rictus de la mort. Il a observé les jolies filles, tôt blasées, curieuses des sensations maudites, buveuses d'éther, amoureuses de morphine, dont la névrose heurte à ces enfers où des sorcières enseignent, pour aller à de plus diaboliques sabbats, l'art d'enfourcher les balais à rebours.

Montmartre a d'autres reposoirs galants où l'amour, sans équivoque, tient état. La fille qui les fréquente, est-ce l'ancienne lorette, ou celle-ci a-t-elle disparu avec le mot qui la qualifiait ? Ne risquons point de mécompte et convenons que c'est la fille sans plus : celle qui va où va le plaisir, exacte au rendez-vous donné. Elle était, il y a dix ans, sur les grands boulevards et dans les environs. Elle laissait Montmartre aux artistes et à leurs femmes à qui suffisaient le Rat-Mort, la brasserie Fontaine et un établissement élégamment dénommé la *Truie qui file*. Elle a filé la truie. Mais elle était grosse et, de ci de là, sur la Butte... Non, non, vous ne vous trompez pas, c'est bien de ces petits que vous rencontrez.

En ce temps-là, des gens d'esprit y faisaient la fête, qui commençaient à créer une concurrence au Quartier Latin. On se partageait entre les deux rives, et le Boul'Mich voyait grandir, chaque nuit, le nombre de ses infidèles. Puis le Moulin de la Galette fit signe aux peintres, puis la Goulue fit signe aux danseurs, puis le Chat Noir convoqua les muses, puis le Moulin Rouge alluma, au flanc de la Butte, le feu de joie du ralliement. Le mouvement était à Montmartre, la galanterie essen-

tiellement nomade l'y suivit.
Le faubourg se rapprocha
du boulevard extérieur, et
Musette — habituée déjà des
fêtes foraines montmartroises où, plus qu'ailleurs, les
manèges colosses déploient
leur vertigineux éclat, —
Musette traversa les ponts.

C'est le Quartier qui a
fourni Montmartre en gri-
settes. Elles n'ont point ga-
gné à ce déplacement qui leur fit abandonner le tutoiement des
familiales tavernes et la chambre garnie de l'étudiant. On s'amusait
au Quartier; à Montmartre on « travailla ». Le cœur, là-bas,
n'était pas étranger à l'aventure. On s'habillait mal, on vivait de
peu et l'on ne demandait aux dévots de ses charmes que les frais

de l'entretien du culte. On perdit à Montmartre cette fraîcheur de
tendresse et cette naïveté. On ne fut plus la « gosse » des débuts.
On ne chercha plus le compagnon qui, par la drôlerie de son esprit,
corrigeait la détresse de son gousset. On fut la stratégiste de la
terrasse, sur cette place Pigalle, qui, autour de la fontaine, fait
l'étalage de tout ce qu'il y a de femmes à vendre, entre huit
heures du soir et deux heures du matin. On vint là, à l'encan,
d'avance promise à la plus élevée des surenchères.

Endettée dans un luxe à crédit qui contraint aux exigences
et aux exploitations, on est sérieuse, maintenant, c'est-à-dire
qu'on rit avec tout le monde. Plus de fantaisie, plus de choix ;
une règle unique : l'obligation de faire des affaires. Grisette
sombrée dans la prostituée.

La haute bicherie n'a adopté qu'en ses escapades, la Butte.
Le demi-monde y vient, comme le monde, en voyage ou lorsque
la fête foraine allume, sur la place, la gaieté trépidante des
cochons de bois. Les nobles dames de Cythère se firent, un
temps, conduire le samedi au Moulin Rouge ; elles se lassè-
rent vite de l'ascension, trop confondues avec les médiocres
pécheresses pour qui les petits ruisseaux ne sont jamais les
grandes rivières. Marguerite Duclerc était persuadée que ses
belles amies lui feraient visite si elle ouvrait une boîte sur le
chemin des moulins. Elle agença un concert et tapagea en vain.
Que de mal cependant elle se donna ! On lui disait : « Plus
extraordinaire que Sarah Bernhardt, vous êtes directrice, chanteuse sur votre théâtre, patronne d'établissement de nuit, mon-
treuse de phénomènes. » Alors, Duclerc de répondre, avec sincérité : « Et Sarah n'a pas le restaurant ! » Car elle avait rêvé la
table d'hôte à la mode d'Amandine, le seul reposoir galant
auquel le demi-monde pardonne de se jucher si haut.

Mais les abbesses de l'Abbaye de Thélème ne sont que du
quart de monde — si ce n'est du monde du quart. Un coin

ravissant que cette Abbaye sur la bruyante place Pigalle, surtout
lorsque sur le boulevard, des lions de Bidel au « Pétomane mon-

dain », la foire porte, à Montmartre, un entrain chic que
la mode, après Saint-Cloud,
avait réservé à Neuilly.

L'Abbaye de Thélème est l'ancien atelier de Roybet, dans
le style des folies du siècle passé. Le peintre parti, l'hôtel
allait disparaître, et, sur l'emplacement, s'élever une maison de
six étages. On n'avait qu'oublié la servitude imposée par l'impasse voisine où demeuraient alors, librettiste de grand talent
et critique écouté, Philippe Gille; et Paul Ginisty, l'un des
maîtres de la chronique avant de devenir l'un des patrons du
théâtre. Défense de projeter de l'ombre sur la paisible cité. Que
devenir? Montmartre naissait à la gaudriole : on fit de l'hôtel une
abbaye qu'orna un Gargantua, posé par Alexis Bouvier, pour
Tanzi. Et ce fut l'Abbaye de Thélème. « Fais ce que veux », devise
imprudente dans un pays si passionnément incliné vers la licence.

On voulut d'abord faire du
bruit, sans lequel on ne saurait
s'imaginer qu'on se divertit ;
les voisins grognonnèrent. On plaida. Le jardin de l'Abbaye,
afin de retenir les éclats intempestifs de sa gaieté, se fit octroyer
une chemise de verre. Elle emprisonna les arbres fort drôlement. Ils eurent les pieds dans la vadrouille et la tête dans
l'azur. La brise des nuits balance leurs cimes et l'amour caresse
leur base. Du dehors, on les voit étrangement agités, et l'on se
prend à se demander ce que les gouges et les striges peuvent
bien faire des troncs virils, à portée de leurs luxures.

Cette place Pigalle est, en son genre, unique, quand l'été, sous les vérandas à l'entour du bassin, se déroulent les bruyantes terrasses de l'Abbaye, du Rat-Mort et de la Nouvelle-Athènes. C'est une foire aux voluptés. L'amour vient au marché, à l'entour des tables, exubérant, querelleur et loustic. Les confidences ont le verbe haut, et l'aveu des pires turpides affecte d'ignorer l'art de la périphrase. Le vice qui fanfaronne s'y débraille dans un cynisme très bien porté. Prête-t-on l'oreille aux causeries plus discrètes, c'est pour retenir de ces propos caractéristiques : « Si je la connais, je ne connais qu'elle : elle était bonne chez sa sœur. — Tu sais bien cette fleuriste qui était grue? eh bien, mon cher, elle n'est même plus fleuriste. — Henri? Henri, voyons? L'amant de ma maîtresse? — Et du cœur pour les siens ! Dès que son vieux lui eut payé une voiture, elle fit venir son frère chez elle, comme cocher. — Moi, je suis ce que je suis, mais ma mère était une honnête femme : à preuve qu'a m'a fait fourrer, quand j'étais petite, trois fois à Saint-Lazare. »

Les conversations foisonnent de ces réflexions qui éclairent plus, sur la mentalité de certaines classes, que bien des gros livres de philosophie. C'est un incessant va-et-vient. Devant les terrasses, déambulent de l'une à l'autre, quêtant une menthe à l'eau ou une aventure, les habituées, familières avec les messieurs seuls. Elles vont raides, le buste tendu, l'œil en maraude, cherchant le visage de connaissance, le groupe ami, le consommateur de bonne composition. Elles entrent par une porte de l'Abbaye, ressortent par l'autre, pénètrent au Rat-Mort, montent au premier, redescendent, et, par le boulevard, gagnent la « Place Blanche », si peu qu'elles soient sortables ; et, passé deux heures, se risquent dans les salons où l'on soupe. Car, passé deux heures, il n'y a plus de terrasses. La Nouvelle-Athènes s'éteint. Le premier du Rat-Mort arbore son tarif de nuit et l'Abbaye sollicite les soupeuses. Les bals sont finis, les trottoirs sont déserts. Les turlupins ont remisé leurs boniments. Et Montmartre est tout aux tavernes et aux filles.

Le café de la Place Blanche, en face le Moulin-Rouge, abaisse discrètement les rideaux opaques de ses larges baies que la lumière intérieure empourpre. L'escalier en colimaçon mène du trottoir au premier, en passant par le rez-de-chaussée désert, les filles qui, au Casino, au Moulin, aux cafés des boulevards, furent malheureuses dans leurs tentatives de séduction. On soupaille là où la vadrouille s'éternise. Les tables gaies, par la blancheur des nappes, invitent aux veilles prolongées. La tasse de chocolat ou le consommé sont l'ordinaire commande d'une clientèle dont l'appétit, à cette heure éveillé, n'est que celui des convoitises charnelles. Deux ou trois cents filles s'em—ploient à cette fonction. Toujours les mêmes et dans les mêmes atours. Libres aux mêmes heures, d'aucunes, et parmi les plus désirables, auraient pu, dans la soirée, trouver aventure ; mais elles n'ont de plaisir qu'en ces longues nuitées qui les tuent et les flétrissent, dans la crapule de ce bruit qui les saoule, à toute table, où leur popularité leur réserve un accueil, buvant les alcools qui les corrodent et les hébètent.

C'est le marché pour certaines, qui attendent, silencieuses, la prunelle faisant le guet, inquiète, de l'heure qui, en se prolongeant, abaisse le tarif des faveurs. Elles sont venues là, celles-ci, comme à la dernière étape avant la rentrée et guidées par un suprême espoir. Leur sourire contraint trahit le drame intime du terme impayé, de la logeuse qui menace, et de Charlot qui cogne. Et, comme elles ne sont pas là pour leur plaisir, y sont-elles comme étrangères et dépaysées.

L'habituée n'a pas l'obsession de la rencontre. Elle se soucie bien de savoir où elle couchera et si elle se couchera. Sait-elle comment elle rentre et avec qui ? Elle connaît tout le monde ; elle est de la maison, venue en voisine, ses clefs dans la main, sans corset, dans une robe sans chic avec des dessous esbrouf-fants, mais attachés à la va comme je te pousse. De la toilette ?

Elle en a. Elle a même du goût ; mais paresseuse à s'habiller, levée tard, la migraine aux tempes, et si prostrée, que pour la faire descendre, il faut toute la hantise de ce tapage nocturne où elle se jette à corps plus encore perdu que vendu.

Pour exaspérer ce bruit aux lumières, pour le réchauffer, pour qu'il exerce sur les nerfs une action plus dissolue, la Place Blanche a des tziganes. Ils font rage à l'unisson des vaisselles remuées et des dialogues des courtisanes. Sans les écouter, on les entend, et il y a même, à la table la plus rapprochée de leur orchestre, des oreilles pour les écouter. Des femmes s'hypno-

tisent dans la contemplation de ces virtuoses acajou dont les
moustaches sont si triomphantes, le diamant noir des yeux si
vif et dont le coup d'archet vigoureux est prometteur d'autres
prouesses. Ils se penchent, enveloppant des ondes suggestives
de leurs instruments les amoureuses que l'hommage grise plus
encore que le son. Névrosées, froides à tant de caresses, et qui
se donnent au bohémien, jeteur de charmes.

Au Rat-Mort, musique sans tziganes ; au cabaret du Tabarin, rue Pigalle, comme au Capitole, rue Notre-Dame-de-Lorette, un ténor chante. Chauve et ventripotent, avec une petite voix claire et gracile, ceinturé d'un triple menton, Gauthier soupire la romance du jour. Cette pointe sentimentale est le condiment de l'orgie. Elle éveille chez ces dames, quand elles sont grises, un écho de leur passé de blanchisseuse ou de modiste, qui les attendrit ; et volontiers, elles se font acheter, par l'amant la romance qui leur fit mouiller d'un pleur le champagne qu'il paya.

On s'essaie à chasser le naturel, on feint de renoncer à ses habitudes de luxe et de confort, on se promet la noce débraillée des cabarets du boulevard extérieur, et l'on va à Montmartre. Le chic a décrété que c'est crevant, dans le sens avantageux du mot, qui signifie qu'on s'y crève de rire. On veut le croire, et l'on fait en bonne conscience son métier d'homme qui s'amuse : ce qui veut dire qu'on s'y ennuie en affectant de s'y amuser.

On s'y ennuie parce que tout de même, il vous manque ces égards auxquels on est sensible, des manières d'accueil différentes de celles de M. Alexandre, qui a le tutoiement spontané et les réflexions plutôt saugrenues. La saveur est haute, sans doute, de l'aimable badinage d'un garçon déguisé en croquemort qui dit sur un ton lugubre : « Pose-là ta viande, asticot de cimetière ». Mais on garde, néanmoins, un certain attachement à la formule d'un maître d'hôtel bien stylé, et le : « Que servirai-je à ces messieurs et dames, » finit, tout banal qu'il soit, à paraître doué de quelque avantage sur le brutal : « Qué que je vas encore f... par la g... à ces gonzes-là ! » de M. Bruant.

Comme le Parisien qui croit, chaque été, fuir Paris, alors qu'il porte Paris où il s'enfuit, la noce dorée porta à Montmartre, à son insu, insensiblement. ses mœurs et ses goûts. Certaines nuits, infidèle à Maxim, elle errait en quête d'autre chose et

peinée de ne point trouver pareille chose, en plein Montmartre,
à côté de Tabarin, elle grimpa à un premier par un escalier
étranglé qui avait un tapis. Et ce tapis lui fit plaisir. C'était une
vieille connaissance de tous les cabinets particuliers. Elle accéda
à des salles étoffées, aux couleurs vives, de style plus rococotte
que rococo, avec des divans assez souples devant des tables
nappées de linge anglais.

Le Lajunie de cette installation avait eu du flair. Il avait
compris que ce que le viveur parisien venait chercher à Montmartre : c'était ce qu'il avait à Paris. La clientèle abonda, prodigue en boissons chères et compliquées, et enchantée de savoir
où, de deux à cinq heures du matin, gaspiller quelques bouteilles
de champagne de haute marque, en compagnie de quelques
personnes de marque moindre.

Les attitudes là peuvent choquer des rigueurs de principes
qui n'y entrent pas. De jolies lèvres quittent la cigarette pour
donner un baiser, et des mains s'égarent, frôleuses ; c'est très
bien reçu. On s'entretient, chacun pour soi, de ses affaires de
cœur et d'argent, lesquelles sont connexes ; et par les aveux,
on entre dans des intimités qui se pénètrent, du reste, à moins
de cinq louis. Voudrait-on être plus isolé, qu'il y a les cabinets. Ils sont accessibles à qui force l'addition. Autrement
l'impôt se prélève, franchement brutal : « Si le 3 ne prend plus
rien, vous compterez 10 francs. » Qui vient là vient d'ailleurs. Du
Rat, de l'Abbaye ou de la Place-Blanche. C'est la station dernière,
celle où l'on demande pour s'aller coucher, si le soleil se lève.

Ce Montmartre de la noce se croise, à l'aube, avec les balayeurs
et les boueux. Des fiacres sordides sont les chars qui emportent,
cahin caha, les déesses aux pas incertains, — les boissons de
nuit sont perfides, — la coiffure en bataille témoignant des
luttes où la jalousie des trop belles toilettes arma les combat-
tantes moins bien nippées.

Une telle réputation vaudrait mieux. Montmartre ouvert
aux nouveautés le comprendra-t-il jamais ? Donnera-t-il, quelque
soir, à la galanterie, la Cythère qu'elle attend, dont l'art excu-
serait l'impudeur et l'esprit, le vice ? Culbutant les sentiers où les
gourgandines se débraillent, à peine différentes des pierreuses
de la rue, saura-t-il retrouver, dans la lumière et dans la joie,
la formule antique de la courtisane instruite à plaire ? Cette
courtisane des lycées de Corinthe et des maisons de thé de Yeddo
— mime de toutes les voluptés, souple reine des attitudes et
faisant, devant sa beauté, qui se doit nue à tous, incendier

l'ardeur des désirs et fumer l'encens des hommages? Vain espoir.

Montmartre ne dira point l'hymne à Aphrodite. C'est un baladin qui jouit de sa vogue. Et plus philosophe qu'on ne le croit, il la mesure à la durée éphémère des tréteaux.

TABLE

DES CHAPITRES ET DES ILLUSTRATIONS

I

LE VIEUX MONTMARTRE

II

MONTMÁRTRE BATIT MONTMARTRE

III

LA MONTMARTROISE

IV

MONTMARTRE POLITIQUE

V

LE SACRÉ-CŒUR

VI

PÈLERINS ET FIDÈLES

VII

LES ARTISTES

VIII

LES CABARETS PITTORESQUES

IX

LA CHANSON MONTMARTROISE

X

LES FORAINS DE LA BUTTE

XI

THÉATRES ET TRÉTEAUX

XII

LES MOULINS

XIII

LA DANSE A MONTMARTRE

XIV

LA VEILLEUSE DE NUIT

XV

LES REPOSOIRS GALANTS

TABLE

ACHEVÉ D'IMPRIMER

le 25 mars 1899

Typographiquement et lithographiquement par L'IMPRIMERIE CHAIX

(ENCRES LORILLEUX)